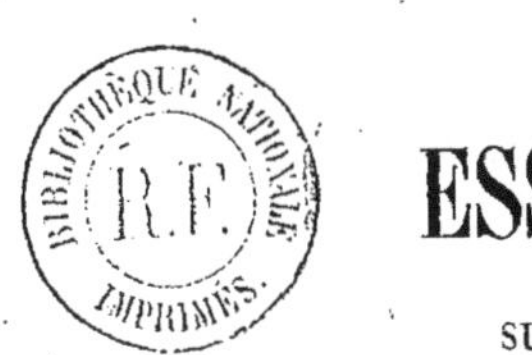

ESSAI

SUR

LES MONNAIES DU MAINE.

ESSAI

SUR

LES MONNAIES

FRAPPÉES

DANS LE MAINE,

PAR E. HUCHER,

MEMBRE DE L'INSTITUT DES PROVINCES DE FRANCE, DE LA SOCIÉTÉ FRANÇAISE POUR LA CONSERVATION ET LA DESCRIPTION DES MONUMENTS NATIONAUX, CORRESPONDANT DE LA SOCIÉTÉ ARCHÉOLOGIQUE DE TOURAINE, ET MEMBRE DE LA COMMISSION ADMINISTRATIVE POUR LA CONSERVATION DES MONUMENTS HISTORIQUES DU DÉPARTEMENT DE LA SARTHE.

(Extrait du volume 1er, des Mémoires de l'Institut des Provinces).

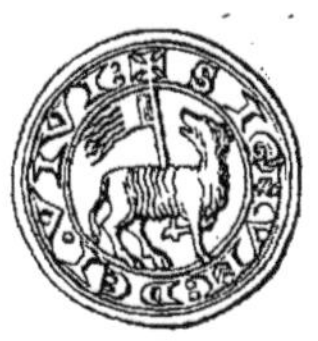

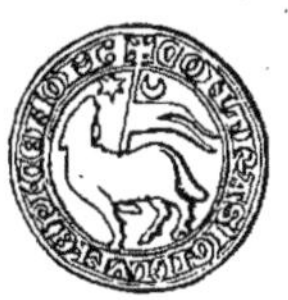

LE MANS,

IMPRIMERIE-LIBRAIRIE DE GALLIENNE, RUE DE LA PAILLE, 10.

1845.

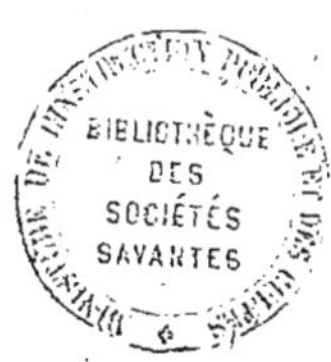

ESSAI

SUR LES MONNAIES DU MAINE.

L'histoire monétaire des anciennes provinces de France est à faire ; ses éléments, préparés par Duby, à la fin du siècle dernier, se complètent tous les jours par la découverte de monuments inédits ; aux provinces, surtout, appartient la mission de les réunir, de les coordonner, et de fournir ainsi les matériaux avec lesquels une plume habile écrira l'histoire générale de la numismatique française. Ce système d'études spéciales, éclairé par la connaissance des lieux d'enfouissement et appuyé de notions géographiques exactes, conduira, sans nul doute, à l'attribution rigoureuse des médailles celtiques et des monétaires mérovingiens, dont le classement définitif doit être prudemment ajourné.

A l'égard des monnaies douteuses ou inexpliquées, chaque province doit être mise en demeure de fournir à la critique l'exposé des droits qu'elle peut avoir à revendiquer tel ou tel type ; car il y a profit pour la science, à mettre en parallèle plusieurs opinions rivales; et il est impossible que la vérité ne finisse pas par jaillir de ce conflit pacifique.

Ces considérations nous ont engagé à entreprendre le travail que nous soumettons aujourd'hui au public. Nous n'avons jamais eu la prétention de faire un *Traité des Monnaies du Maine*, et nous nous reconnaissons tout-à-fait incompétent pour résoudre les hautes questions historiques qui se présenteront souvent dans le cours de cette notice ; seulement nous avons cru qu'il pouvait être utile, dans l'état actuel de la science, de résumer ce qui s'est écrit jusqu'ici sur l'objet de nos études, en y ajoutant le résultat de nos recherches e de nos observations particulières.

—

PÉRIODE GAULOISE.

La numismatique gauloise, qui dans ces derniers temps seulement, a trouvé d'habiles et de persévérants interprètes, est encore couverte de ténèbres épaisses : la cause en est, il faut le dire, au dédain qui pendant longtemps a été le partage de cette branche si importante de l'archéologie nationale, et aussi au peu de résultats certains qu'elle offre à l'étude.

Mais la persévérance est ici une vertu suprême, et l'on doit tout attendre de son intervention, bornée surtout à l'examen des faits locaux.

TYPE DU CHEVAL ANDROCÉPHALE, AILÉ.

Les plus anciens types de la monnaie d'or gauloise, qui paraissent émanés des Aulerces-Cénomans, sont ceux du cheval ailé, androcéphale, au collier, traînant les vestiges d'un char, dans lequel est un personnage qui l'excite avec un fouet terminé par un guidon carré, garni de frange ; ce personnage foule sous ses pieds un soldat ou un génie ailé, renversé la face contre terre, tenant d'une main une lance, et de l'autre une épée. — Au revers, une tête laurée à droite (pl. Ire. 1) ; leur poids varie entre 7 grammes et 7 gr. 50 c. ; le métal affecte une teinte blanchâtre, résultant de l'alliage d'une certaine quantité d'argent.

Celles de ces monnaies qui paraissent plus récentes, à la barbarie du travail, sont au contraire en or rouge ou électrum, et les types sont renversés de droite à gauche (1).

Le fait de l'attribution de ces monnaies aux Aulerces-Cénomans paraît définitivement acquis à la science. M. Ch. Drouet, notre honorable collègue, en fournit la preuve avec toute l'autorité que donne en cette matière une longue expérience, dans sa brochure intitulée *Des Types les plus habituels des médailles gauloises*.

Cette attribution procède du mode de localisation souvent recommandé par *la Revue Numismatique;* elle a été constatée par les nombreuses découvertes qui, depuis trente ans, sont parvenues à la connaissance de l'auteur de cette brochure; et tous les jours nous sommes personnellement à même d'établir que ces types entrent pour les neuf dixièmes, au moins, dans les découvertes locales de monnaies celtiques.

Une circonstance vient encore démontrer la spécialité de ce type à notre province: c'est qu'il est rare partout ailleurs. Le savant Lelewel, dont les investigations ont embrassé les collections du nord de la France, ne l'a pas connu; dans un chapitre de son ouvrage sur le *Type gaulois,* il s'exprime ainsi (2), en parlant des imitations du pégase: *Un pégase de la monnaie gauloise, qu'on considère pour une copie servile, porte les quatre lettres* NIVV (3), *qui pourraient faire supposer le nom de Philippe, si l'on avait des philippes au pégase.*

Il est doublement fâcheux que ce savant n'ait pas vu les monnaies dont nous parlons; ce sont de véritables *philippes au pégase;* les ailes du cheval androcéphale y sont on ne peut plus caractérisées, surtout dans les types les plus récents, en électrum.

Peut-être, leur examen eût-il modifié quelques-unes de ses inductions, notamment en ce qui concerne le mode d'introduction du type (4) dont nous nous occupons.

A part les ailes et le personnage renversé, le cheval conduit couvre, comme l'on sait, la monnaie d'or de presque tous les peuples de la Gaule centrale, et il est généralement reconnu que le type du cheval androcéphale est emprunté (5) aux monnaies d'or de Philippe II, roi de Macédoine, père d'Alexandre-le Grand, (359 à 336 avant J.-C.).

Ces monnaies, dans leur état normal, représentent d'un côté la tête d'Apollon laurée, à droite, de l'autre, une figure dans un bige, à droite, tenant de la main gauche les rênes, et de l'autre, un fouet; au-dessous, un foudre ou tout autre objet appartenant à la mythologie ou à l'épigraphie grecque, et plus bas le nom ΦΙΛΙΠΠΟΥ.

La planche XII de la *Numismatique des rois grecs* (6), donne des exemples de la dégradation de ce type qui, dans l'exemplaire du n° 9, devient sensiblement pareil à celui dont nous parlons.

Cette origine est incontestable, quant à la distribution générale du type; mais elle s'expli-

(1) Voir nos 5 et 6 de la planche qui accompagne la brochure de M. Ch. Drouet, *Des Types les plus habituels des médailles gauloises*, 1843, et que nous avions dessinés nous-même au vu des originaux.

(2) *Etudes numismatiques et archéologiques*, par Joachim Lelewel. — *Type gaulois ou celtique.* — Bruxelles, 1840, page 176.

(3) *Catalogue raisonné des Monnaies nationales de France.* — Essai de Guillaume Conbrouse. Paris. 1839; 45, 15, 23.

(4) Lelewel, § 21, page 44, et § 23, page 48.

(5) Lelewel, page 39. — *Revue Numismatique*, année 1836, page 81 et suiv.

(6) *Trésor de numismatique et de glyptique.*

que diversement, et les numismatistes ne sont pas d'accord sur les causes de son adoption.

M. Cartier (1) suppose l'infiltration du coin macédonien par le moyen des Marseillais, qui formaient le lien entre les Celtes gaulois et le monde civilisé d'alors. Le savant polonais l'attribue à l'action plus lente des communications terrestres, établies entre les descendants des aventureux Gaulois qui, sous la conduite ou à l'instigation d'Ambigat, de Bellovèse, de Sigovèse et d'Elitavius, allèrent fonder des colonies voisines de la Macédoine.

Cette seconde conjecture acquerrait, à l'égard des Aulerçes-Cénomans, une nouvelle vraisemblance de la part considérable que prirent ces peuples aux deux premières excursions (2). L'établissement si important qu'ils formèrent sur le Pô, aux environs de Vérone, et qu'ils développèrent plus tard aux dépens de leurs voisins les Euganei et les Orobii, environ 300 ans avant J.-C., pourrait être considéré comme l'anneau de la chaîne qui unissait les Gaulois du nord de la Macédoine à la mère patrie; et l'on serait ainsi amené à conclure, avec M. Lelewel, que le type macédonien s'introduisit par son canal, dans la Gaule centrale et notamment chez les Cénomans.

Une circonstance particulière à la monnaie de ces derniers peuples, favoriserait encore l'admission de ce système : chez eux, le statère de Philippe emprunte ou semble emprunter à celui de Patraüs (3), roi de Pœonie (contrée située au nord de la Macédoine), le soldat renversé sous les pieds du cheval.

(1) *Revue Numismatique*, tome I, page 148.

(2) Walckenaër, *Géographie ancienne des Gaules*. — Amédée Thierry, *Histoire des Gaulois*. — Polybe, II, Strabon, V; Diodore de Sicile, XIV, 113; Tite-Live, V, 34. *Alia sub inde manus Cenomanorum, Elitovio duce*, etc.

(3) *Numismatique des Rois grecs*, Planche VII et VIII, et Mionnet, t. I, page 451.

Néanmoins, ces conclusions, qui s'appliqueraient sans difficulté au type du cheval androcéphale ordinaire, paraissent devoir subir une modification grave de l'existence du pégase sur ces mêmes monnaies, non pas exceptionnellement, mais en règle générale.

L'exemplaire n° 1er de notre planche Ire est l'un des types les plus parfaits que nous ayons rencontrés; les ailes y affectent le caractère de celles des pégases de Corinthe, de Syracuse et d'Empurie (4); d'un autre côté, l'aspect général du monstre diffère de celui que présentent les bronzes italiques ou le quinaire de de la famille Titia; ces derniers types, d'ailleurs, paraissent postérieurs à nos monnaies gauloises, qui doivent remonter aux années 330-200, époque à laquelle correspondent les règnes, à Syracuse, de Nicétas et d'Hiéron II (279 à 216), dont les médailles offrent l'effigie du pégase de Corinthe.

Il serait dès lors nécessaire d'admettre, avec M. Cartier, que l'infiltration du type du bige, dans les Gaules, s'est accomplie par l'entremise des peuples maritimes qui lui ont fourni successivement ses nouveaux éléments; ainsi les ailes du pégase semblent avoir été prises à Corinthe, à Syracuse ou à Empurie; les dauphins, dont les vestiges se rencontrent sur toutes nos monnoies, à la hauteur du front de la tête laurée, paraissent empruntés à ces deux dernières villes; enfin la coiffure de cette tête ressemble à celle de Cérès, dont on voit l'effigie sur les beaux tétradrachmes de Syracuse (5).

Nous devons encore faire observer que le personnage renversé la face contre terre est loin d'être un argument en dernier ressort pour motiver l'infiltration du type du bige par

(4) *Revue Numismatique*, pl. IV, année 1840.

(5) *Trésor de Numismatique et de Glyptique*. — *Numismatique des Rois grecs*, pl. I, VII et VIII.

les voies terrestres ; ce personnage n'a aucun caractère de ressemblance avec celui des monnaies de Patraüs (1), où il est représenté opposant le bouclier macédonien aux attaques d'un cavalier qui le perce de sa lance. Dans les monnaies gauloises, il ne lutte plus, sa tête est nue, il a la face tournée contre terre et ses armes sont renversées. Peut-être les Gaulois ont ils été guidés par la même pensée que les Péones ; et le type du bige foulant un ennemi vaincu, a-t-il été pour eux l'expression vivante de l'esprit de conquêtes et d'aventures guerrières qui les animait alors ; mais, il faut le reconnaître, s'il y a eu adoption d'idée, il n'y a pas eu copie de type.

Hâtons-nous cependant de déclarer ici que nous n'avons nullement la prétention de décider entre ces deux opinions ; l'une et l'autre d'ailleurs peuvent être fondées ; et, dans tous les cas, la question a besoin d'être examinée en thèse générale et d'une manière plus approfondie que nous ne pouvons le faire ici.

D'après tout ce qui précède, l'on ne trouve dans nos statères gaulois rien autre chose de particulier au sol que la monstruosité de la tête humaine accolée à un corps de cheval et le guidon carré qui flotte devant elle, symboles empruntés vraisemblablement aux doctrines druidiques, et dont l'explication n'a jamais pu être tentée avec succès, à défaut de documents sur cette obscure matière.

MONNAIES AUTONOMES.

BELINOC. BIIINOS. *Belinois*?

M. le marquis de Lagoy a publié, dans la Revue Numismatique de 1842, une notice fort intéressante sur l'attribution aux Belendi, peuples voisins des Pyrénées, de plusieurs médailles gauloises d'argent dont voici la description :

I. BIIINOS (2). Tête d'Apollon à gauche, la chevelure tombant en boucles frisées en tirebouchons ; une de ces médailles plus entièrement frappée présente derrière la tête du dieu une tête d'animal, peut-être celle d'une chèvre.

Revers. Cheval libre en repos, à gauche ; sur quelques exemplaires, on aperçoit une portion de portique distyle encadrant le cheval (planche Ire, fig. 3).

II. Tête jeune, casquée, à gauche.

Revers. BELINOC ; cheval en course, à gauche ; au-dessous un symbole altéré. (fig.2).

La science numismatique, qui doit tant d'heureuses interprétations à M. le marquis de Lagoy, lui est redevable de la lecture de la première de ces médailles, qui jusque-là était classée, comme la seconde, parmi les incertaines ; elle lui doit aussi, pour toutes deux, une attribution fort judicieuse, appuyée sur l'autorité de Pline (3) et du baron Walckenaër (4), qui fait de *Belin*, dans les landes de Bordeaux, la capitale probable des Belendi.

Nous ne pouvons cependant souscrire sans réserve à cette attribution ; et nous devons exposer ici les droits que le Maine semble avoir à la revendication de ces monnaies.

Les divisions territoriales, et les noms

(1) *Trésor de Numismatique et de Glyptique*.

(2) M. de Lagoy fait remarquer avec raison que BILINOS est le même nom que BELINOS ; Il cite l'exemple de CVNOBILINVS pour CVNOBELINVS ; on pourrait ajouter celui de BIΛINOYMTIA, nom que donnaient les Gaulois, d'après Dioscoride, append. à la plante appelée en latin *Apollinaris* : Ῥωμαῖοι ιναοσνταριχ οἱδὲ Ἀπολλιναριο... Γάλλοι Βιλινούμτιὰ. (*Notha Dioscoridis*, page 373, v°. *Parisiis*, 1549).

(3) Pline parle des Belendi au chapitre XIX du livre IV de son *Histoire Naturelle*.

(4) M. Walckenaër cite, p. 244, 2e vol. de sa *Géogr. Anc.*, l'autorité d'Adrien de Valois (*Not. Gall.*, p. 524), qui place à Belin, dans les Landes de Bordeaux, le chef-lieu probable des Belendi.

qu'elles portaient au moyen-âge, ont passé dans le langage et les habitudes modernes; or, il dut en être de même précédemment, et tout paraît prouver que les *pagi* et les *conditæ* de l'époque mérovingienne, rappelaient les divisions plus anciennes du territoire celtique. L'exemple du *pagus Corilissus* (1), cité dans un document du moyen-âge, et dont le nom est inscrit sur une médaille gauloise, confirme pleinement cette assertion.

Parmi les *pagi minores* de la province du Maine, dont l'existence est constatée par les chartes et les documents anciens, figure au premier rang le *pagus Belini*, situé au S. du Mans. Ce *pagus*, dont le nom est resté dans la langue, comprenait sept communes : S.-Bié-en-Belin, Ecommoy, S.-Gervais-en-Belin, Laigné-en-Belin, Moncé-en-Belin, S.-Ouen-en-Belin et Teloché. On le trouve mentionné dans le testament de S. Hadouin (an 642), qui lègue, à la basilique de S.-Pierre et S.-Paul du Mans, sa villa d'Ecommoy : « Dono sanctæ » basilicæ Petri et Pauli apostoli villam pro- » prietatis meæ Iscomodiaco sitam in pago » Belini. » (Gesta Pontif. Cenom., 40, manuscrit. — Analecta, in-fol., 268).

Charlemagne (2) et Louis-le-Débonnaire (3) donnent à Belin, chef-lieu du *pagus*, le titre de *Vicus publicus*. (G.P.C., 81.—Anal. 295).

Les Actes de S. Aldric, IXe siècle (Baluze, Miscell.), parlent du Belinois comme d'une contrée nourrissant un nombre considérable de bêtes de somme appartenant à l'abbaye de S.-Sauveur, qui percevait annuellement des gardiens « *jumentarii* » des redevances en cire et en miel.

Le château de Belin (*Belinum*) (4), dont les ruines sont encore visibles, était situé à 4 kilom. N. E. du bourg de S.-Ouen (*Sanctus Audoenus in Belino*).

On peut inférer de l'antiquité du *pagus Belini*, et surtout de la persistance du nom caractéristique de cette contrée, que le peuple qui l'habitait dut exercer dans la province une certaine prépondérance, et put dès lors user du droit monétaire (5). Pline, il est vrai, qui mentionne les Belendi (6) des Pyrénées, ne dit rien des Belini du Maine; mais César, qui vivait au temps de l'autonomie gauloise, ne parle ni des uns ni des autres, et Pline se montre en général peu difficile sur la position ou l'existence des peuples (7).

Plusieurs circonstances, puisées dans l'examen du type des monnaies dont il s'agit, favorisent leur attribution à une contrée du centre de la Gaule, plutôt qu'à un peuple méridional. M. le marquis de Lagoy a déjà fait remarquer la ressemblance d'attitude du cheval qui figure sur le n° 3 de la pl. Ire, avec celle du quadrupède des pièces inscrites TRICCOS-TVRONOS et ATEVLA-VLATOS (8), restituées aux Turones et aux Senones; un autre indice résulte de la similitude du type du cheval libre de l'exemplaire n° 2

(1) Voir *Rev. Num*, page 404, 7e année; M. Barthelémy attribue au pagus *Corilissus*, seulement cité dans un diplôme du temps de Charlemagne, une monnaie de ce nom.

(2) *In hoc precepto inserere jussimus... Belino vico publico.*

(3) *Precipimus ut nonæ et decimæ persolvantur, id est de.. et Belino vico publico.* (Anal.).

(4) *Observations topographiques sur le diocèse du Mans*, par Th. Cauvin.

(5) Les sires de Belin étaient célèbres au commencement du XIIIe siècle; Beaudouin et Guy de Belin suivirent, en 1250, saint Louis en Terre-Sainte, et devinrent l'un sénéchal, l'autre connétable de Chypre. — *Le Paige*. — *Th. Cauvin.*

(6) *C. Plinii Natur. Hist.*, lib. IV, cap. XIX.

(7) Notamment, lorsqu'il rapporte, sans la discuter, la tradition qui plaçait les Cénomans près de Marseille. — Lib. III, cap. XIX.

(8) *Revue Numismatique*, 1842, page 14.

avec celui des Diablintes et des Aulerces-Eburovices (Pl. Ire, n°s 4, 5, 6 et 8) ; enfin la tête du n° 3 est absolument pareille à celle des monnaies du Carnute Tasgetius (1) (TAS-ϘIITIOS-ƐAKƐSOOTIΞ), à celles où on lit SVTICOS, attribuées à Rothomagus (2), et encore à deux autres trouvées près d'Amiens et représentées dans Lelewel, *Type gaulois*, page 294.

Il resterait à discuter l'argument tiré par M. le marquis de Lagoy de l'autonomie et de la bonne fabrication de ces monnaies, qui lui paraissent, pour ce motif, convenir à l'Aquitaine.

A cet égard, il semble qu'on peut douter de la valeur de l'objection. D'abord les Belendi sont rangés par Pline dans le groupe des peuples voisins des Pyrénées, avec les Convenæ, les Begerri, les Tarbelli, par conséquent, dans ce qu'on a appelé plus tard la Novempopulanie ; ils sont d'ailleurs séparés de l'Aquitaine, où l'on rencontre le cheval libre, par les Vasates, les Sotiates, les Auscii et les Nitobriges, et l'on connaît les monnaies d'Adietuanus, roi des Sotiates (3), qui portent des types entièrement différents de celles des Belini, celles des Auscii (4) qui rappellent la roue des Volks et le type marseillais, enfin celles des Vasates (CALITIX) qui avaient adopté pour emblême le lancier celtique (5).

Si donc les Belendi des Pyrénées ont frappé monnaie au temps de l'autonomie, ç'a dû être au type de leurs voisins immédiats, et non à celui des Pictones et des Santones (6), déjà loin d'eux, et dès lors le cheval libre pourrait sembler déplacé sur leurs médailles.

Disons-le, l'autonomie s'est conservée fort long-temps dans la confédération des Aulerces qui prirent part au soulèvement de Vercingetorix (7), et durent dès lors, précisément à l'époque à laquelle peuvent appartenir nos monnaies, recourir à des émissions considérables, comme presque tous les peuples des Gaules engagés dans la même voie. Les monnaies inscrites DIAOVLOS, AULIRCUS et AULIRCO-EBVROVICOIV, le prouvent surabondamment. (Voir pl. Ire).

Ainsi, d'une part, il y a motif égal d'attribution, soit aux Belendi, soit aux Belini ; et de l'autre, il semble qu'il existe des raisons particulières, puisées dans l'épigraphie (8) et le type des monnaies, pour préférer la dernière leçon.

Nous renvoyons, du reste, à l'excellent travail de M. le marquis de Lagoy, en ce qui concerne la discussion du type d'Apollon, considéré comme divinité topique, ou emblême parlant de la contrée. On sait en effet que le Belenus des Celtes était l'Apollon des Grecs ; les inscriptions d'Aquilée (9), de Clermont (10), un passage de César (11), deux

(1) Lelewel, planche IV, n° 57 ; *Revue Num.*, 1837, page 1.

(2) Lelewel, planche IX, n° 43.

(3) *Notice sur l'Attribution de quelques médailles des Gaules inédites ou incertaines* ; par M. le marquis de Lagoy. — Aix, 1837.

(4) Lelewel, planche VII, n° 32.

(5) *Revue Numismatique*, t. IV, page 401 ; Lelewel, page 322.

(6) *Essai sur les monnaies du Poitou* ; par M. Lecointre-Dupont.

(7) César, *de Bello Gallico*, livre VIII.

(8) La terminaison en OS, l'intégrité du mot BELINOS, BIIINOS, la forme de l'L dans ce dernier mot, toutes ces circonstances rappellent l'épigraphie des monnaies centrales, et tendent à faire rejeter l'attribution aux contrées méridionales où les contractions, les terminaisons en ΩN et les formes monétaires grecques s'étaient enracinées.

(9) La plupart de ces inscriptions, dont six sont rappelées dans l'ouvrage « *De Dis Germanis* » d'Elias Schedius, commencent ainsi : APOLLINI BELENO, etc.

(10) *De la Religion des Gaulois*, par Dom... bénédictin ; 381.

(11) César, *de Bello Gall... Apollinem colunt quem morbos defellere arbitrantur*, etc.

autres d'Hérodien (1) et de Tertullien (2), et des fragments du poète Ausone (3) nous apprennent que Belenus-Apollon était honoré dans les Gaules d'un culte particulier, qui formait l'un des éléments essentiels des mythes druidiques.

D'ailleurs, la déification de la jument Épona (4) comme type local, ou comme se rattachant au mythe d'Apollon-Belenus (5), n'est pas déplacée sur la monnaie d'un peuple chez lequel nous voyons, au IXe siècle, l'élève des bêtes de somme en honneur et des gardiens qui reçoivent le nom spécial de *Jumentarii*.

DIAOVLOS, ΔΙΑΥΛΙΤΑΙ (6), *DIABLINTES*.

Pellerin (7) a le premier attribué aux Diablintes la monnaie dont voici la description :

Droit : Tête nue, imberbe, à gauche; la chevelure hérissée, avec un collier ou torques en forme d'*armilla*.

Revers : DIAoVLOS, cheval sellé, en course, à droite; AR. poids. $1^{g}\,43^{c} = 1^{g}\,75^{c}$.

Le n° 4 de la planche Ire a été dessiné avec beaucoup de soin, sur l'exemplaire de la Bibliothèque Royale. Il était inédit.

Le n° 5 donne le revers de celui dessiné dans Pellerin; nous avons supprimé le côté de la tête qui nous paru par trop enjolivé.

Le n° 6 est celui que figure M. le marquis de Lagoy, dans sa notice sur l'*Attribution de quelques monnaies gauloises*, déjà souvent citée.

Ce savant, en appuyant l'attribution de cette médaille aux Diablintes, fait remarquer qu'elle n'a été sanctionnée ni par Sestini ni par Mionnet; « mais il faut considérer, » ajoute-t-il, « que nous ne connaissons les » noms des villes et des cités de la Gaule que » traduits par les auteurs grecs et romains; » et il n'est pas étonnant que ces noms, lors- » qu'ils sont écrits sur les monnaies par les » habitants eux-mêmes, présentent une or- » thographe souvent très-différente. »

Le torques de nos médailles leur donne de l'intérêt, puisqu'il les rattache au groupe de celles inscrites (8) ATEVLA-VLATOS, CALEDV, SENODON, REMOS-ATISIOS et OINO qui pourrait être les vestiges des mots OVINDINVM ou NOIODVNVM, anciennes capitales des Cénomans et des Diablintes. Peut-être un jour trouvera-t-on l'explication de ce signe caractéristique de ralliement, qui nous échappe aujourd'hui.

AVLIRCVS. AVLERCOS. *AULERCES.*

Les deux monnaies gauloises, figurées sous les n°s 7 et 8 de la planche Ire, n'appartiennent probablement pas aux Aulerces-Cénomans (9):

(1) *Herodien*, lib. VIII, *de Maximino : Belenum Deum vocant indigenæ, magnâque cum religione colunt Apollinem terpretantes.* Le texte dit : Βελιν δε καλουσι τουτον... Απολλωνα ειναι εθελοντες.

(2) *Tertullien*, apolog. CXXIV.

(3) Ces passages, très-intéressants pour l'histoire du culte druidique, sont contenus dans l'éloge d'Attius Patera (*de Prof. Burdeg.*, *carmen* 4).

(4) Voir les inductions fort ingénieuses de M. le marquis de Lagoy. *Rev. Num.* 1842, p. 15.

(5) Le cheval était, chez plusieurs peuples, consacré au soleil. Un poète, dans Lactance, explique ce choix : *Placat equo Persis radiis Hypereona cinctum. — Ne detur celeri victima tarda Deo.*

(6) *Ptolémée*, *Géog.*, appelle les Diablintes ΔΙΑΥΛΙΤΑΙ, Diaulitai; de là à DIAOVLOS pour DIAOVLITOS, il n'y a pas loin, en effet, surtout si l'on a égard à la remarque de M. de Lagoy, qu'il s'agit ici, non de l'orthographe classique, mais d'un nom écrit dans le dialecte gaulois.

(7) *Recueil de médailles des peuples et des villes*, tome III, p. 182.

(8) Voir Lelewel et son Atlas, pl. V, 10; pl. III, 43 et 51; et la *Revue Numismatique*, 1840, pl. XII.

(9) M. Lambert, page 142 de son *Essai sur la Numis-*

à l'égard de la dernière surtout, il ne peut y avoir de doute, et la légende tranche d'elle-même la difficulté; mais la première qui offre l'exemple assez singulier du nom local inscrit en latin, reste incertaine entre tous les peuples qui formaient le groupe des Aulerces, à moins que la présence du verrat ne soit un motif plausible de l'attribuer aux Eburovices.

Toutefois, il peut paraître surprenant que les Aulerces-Cénomans, dont l'antiquité a célébré la prépondérance politique dans la Gaule, et qui figurent encore avec avantage dans le contingent des peuples, lors du soulèvement de Vercingetorix (1), n'aient pas eu de monnaies autonomes. Il faut l'attribuer sans doute à ce qu'ils ont manqué en ce moment de chefs influents; circonstance qui est commune au groupe entier des Aulerces (2). En effet, Camulogenus est le seul chef d'origine aulerke, qui ait eu un commandement supérieur, à l'époque de l'insurrection; et César nous le représente d'ailleurs comme très-avancé en âge (3), *propè confectus etate*, et n'ayant fait que passer sur l'horizon politique.

matique gauloise du nord-ouest de la France, propose d'attribuer aux Cénomans la médaille que nous donnons sous le n° 7, ainsi qu'une autre dont la légende nous paraît douteuse; ce savant lit, sur cette dernière, **AULERCOS**; pl. VIII, fig. 25 de son atlas.

(1) César, *de Bello Gall.*, lib. VII.

(2) M. Lelewel fait observer, à l'égard de la médaille **DIARILOS**, attribuée par M. Conbrouse à un chef diablinte, nos 448, 449 du catalogue, que la ressemblance des noms **DIAPVLOS** et **DIAOVLOS** a pu seule motiver cette attribution, qui dès-lors est très-contestable (**DIARILOS** pouvant être lu **DIAPVLOS**).

(3) César, *de Bello Gall.*, *lib. VIII : Summa imperii transditur Camulogeno Aulerco qui propè confectus etate, tamen propter singularem scientiam rei militaris ad eum est honorem evocatus*.

C'est peut-être ici l'occasion de parler de la prétendue médaille inscrite du nom de CONOMOS, qui a eu l'honneur d'occuper si long-temps les numismatistes de notre province, et dont la perte leur a été si sensible.

Cette médaille n'est autre que celle inscrite du nom CONTOVTOS, et bien connue depuis les travaux de MM. Chaudruc de Crazannes (4) et Jeuffrain (5). Elle avait déjà été décrite par Pellerin (6), Eckel (7) et Mionnet (8), mais sans attribution de peuple. Les découvertes récentes permettent de la donner avec presque certitude aux Santones, et de voir, dans le nom CONTOVTOS, ou CONTOVIOS, selon M. Lelewel, le nom d'un chef de ce pays.

Millin, à qui la monnaie dont parle M. Richelet (9) avait été présentée, lisait CONOVIOS, sans doute à cause de la mauvaise conservation de l'exemplaire qui lui avait été communiqué par M. de Maulny, et de la liaison du T avec le premier N, qu'il n'avait pas saisie.

En voici la description d'après des exemplaires à fleur de coin :

Face. — CONTOVTOS, tête à droite, nue, imberbe, au type de Marc-Antoine.

Revers. — Quadrupède (chien ou loup) appuyé contre un arbre qui paraît être un palmier, les deux jambes de devant posées sur une tête de taureau vue de face.

Ces médailles sont assez communes dans le pays; nous n'avons donc aucun motif de regretter la perte de l'exemplaire de M. de Maulny, trouvé si loin de sa terre natale (à Allonnes).

(4) *Revue Numismatique*, 1828, p. 157.

(5) *Revue Numismatique*, 1839, p. 405.

(6) *Médailles des peuples et des villes*, t. I, pl. VI.

(7) *Dict. Num. Vet.*, t. I, p. 77.

(8) Tome I, page 88.

(9) *Le Mans ancien et moderne*, p. 187.

MONNAIES MÉROVINGIENNES,

FRAPPÉES DANS LE MAINE.

Depuis le commencement de l'ère chrétienne (1) jusqu'au milieu du VIe siècle, l'histoire locale et les monuments numismatiques ne constatent l'émission, dans la province du Maine, d'aucune monnaie ou médaille; les anciens statères d'or gaulois, les espèces romaines de toute nature et quelques byzantines constituaient seuls la monnaie usuelle des Gaules; c'est d'ailleurs ce que prouvent l'édit de Majorien de 460 (2), qui caractérise suffisamment les premières monnaies sous le nom *solidum gallicum;* plusieurs passages du poète Ausone (3), où celles-ci sont formellement appelées *Philippos;* et enfin la composition du trésor enfoui dans le tombeau de Chilpéric, qui consistait presque entièrement en monnaies romaines.

Le sol de la province du Maine est tout onché de monuments qui attestent l'abondance de la monnaie d'or gauloise et du numéraire romain de toutes les époques. L'*Essai sur la Statistique de la Sarthe*, par M. Th. Cauvin, pages 72 et suivantes, et les Annuaires de la Sarthe de l'an VIII et de l'an X mentionnent divers enfouissements de monnaies romaines découverts depuis près d'un siècle. Quant aux monnaies gauloises, c'est dans ces derniers temps seulement que nous avons pu constater la fréquence des découvertes de statères d'or au type du pégase androcéphale; mais ce point nous paraît aujourd'hui suffisamment établi, pour qu'on puisse en conclure qu'ils ont eu un cours très-prolongé dans le Maine (4).

Nous n'entreprendrons pas de discuter ici les différentes opinions émises relativement au point de départ du monnayage franc: notre but est de donner une monographie, c'est-à-dire un élément particulier de l'histoire numismatique, en ce qui touche seulement la province du Maine. Ceux qui s'intéressent à la solution de la question de savoir si le texte de Procope (5) est ou non suffisant pour limiter le commencement de ce monnayage aux concessions de l'empereur Justinien, vers le milieu du VIe siècle, devront recourir aux savantes discussions de MM. Cartier (6), Lelewel (7), de Petigny (8), Lecointre-Dupont (9), etc.; et aux procès-verbaux de la 4e session du Congrès scientifique de France, tenu à Blois. Au surplus, soit qu'on doive attribuer à Clovis le commencement du monnayage national, soit qu'on n'en donne l'initiative qu'à Clotaire Ier, nous ne voyons, dans les monuments propres à la province du Maine, aucune trace de l'exercice de ce droit régalien, avant le règne de Clotaire à Soissons, ou celui de Childebert à Paris.

A cette époque, commence, au Mans, une série remarquable d'évêques presque tous pourvus de charges importantes à la cour, ou investis de la confiance du souverain.

(1) Dans son *Essai sur la Numismatique gauloise du nord-ouest de la France*, M. Lambert fixe la fin du monnayage gaulois à l'an 21 de l'ère chrétienne; et parmi les dernières monnaies émises, il place avec raison le **DIAOVLOS** et le **BIINOS**.

(2) *Apud leges novellas Theodosii, Valentiniani, etc. inter appendices codicis Theodosiani; in edit. Cujaccianâ*, p. 583. Lyon, 1566.

(3) Auson. Ep. V à Théon.

(4) Voir la notice de M. Drouet, des *Types les plus habituels des Médailles gauloises.*

(5) Ce texte est cité pages 185 et 333, année 1837 de la *Revue Numismatique.*

(6) *Revue Numismatique*, 1837, page 181.

(7) *Numismatique du moyen-âge*, page 12, Ire partie.

(8) *Revue Numismatique*, 1837, page 221.

(9) *Essai sur les Monnaies du Poitou*, par M. Lecointre-Dupont, pages 14 et suiv.

A la tête de cette illustre pléiade se place S. Innocent (513 à 559), qui fut honoré de l'amitié particulière de Childebert et de la reine Ultrogothe. Ce pontife dédia la cathédrale du Mans à Saint Protais et à Saint Gervais ; et nous serions tentés d'attribuer à son épiscopat la plus ancienne de nos monnaies mérovingiennes, figurée pl. Ire, fig. 9. Nous indiquerons plus loin les motifs de cette attribution.

Puis viennent S. Domnole (560-581), porté à l'épiscopat par l'amitié de Clotaire ; Badégésile (581 586), qui fut maire du palais, sous Chilpéric (1); S. Bertrand (587-634), archidiacre de l'église de Paris, très-attaché à Clotaire II, dont il partagea constamment la fortune ; enfin, Aiglibert (680-710), archichapelain du roi Thierry III.

On peut dès lors admettre, avec presque certitude, qu'il dut s'établir, entre le siége du Mans et la royauté, un échange de bons offices, qui, sans doute, se manifesta, comme à Tours, à Amiens, à Jumièges, à Limoges, etc., par des concessions de priviléges monétaires, dont fort heureusement il nous reste de nombreuses traces, entre autres, un diplôme émané de Thierry III. C'était, en effet, un des moyens employés, à cette époque, par la royauté encore mal assise des fils de Clovis, pour rallier et se rattacher, la partie la plus influente de la nation, le haut clergé.

Cependant, il ne faudrait pas conclure de la réalité du privilège monétaire de nos évêques, à l'existence d'une monnaie au type et au nom de l'Eglise elle-même ; si l'on excepte S.-Martin de Tours, S.-Philibert de Jumièges, S.-Martial de Limoges et une ou deux autres abbayes, on ne voit pas, en effet, que les privilégiés des temps mérovingiens aient marqué le numéraire de leur nom. La cause en est, sans nul doute, au peu d'empressement que montrait le roi lui-même à y inscrire le sien. A peine trouve-t-on trente ou quarante monnaies de cette époque au nom royal, tandis qu'on en possède plus de douze cents à celui des officiers chargés, sous le nom de *monétaires*, de la surveillance ou de la direction du monnayage.

L'expérience l'a démontré, le type de la monnaie (2), autant que sa légende, indique, à l'observateur, son origine ou sa provenance ; or, il existe au Cabinet du Roi, un denier d'argent, ou saïga, du plus haut intérêt pour la question dont nous nous occupons. L'un de ses côtés représente deux personnages dans l'attitude de la protection, accostant un monument surmonté d'une croix, avec la légende CENOMANNIS ; le revers figure une croix haussée sur un degré, potencée plutôt que pattée, cantonnée de quatre besants avec cette exergue : EBRICHARIUS ; le tout dans un double grenetis. Pl. Ire, fig. 9 et pl II, fig. 1re.

Ce type est bien caractérisé, et nulle incertitude ne peut naître de la conservation de la monnaie, qui est parfaite ; c'est un des plus anciens que présente la numismatique mérovingienne, et il n'a d'analogue nulle part.

Or, il nous paraît aujourd'hui bien démontré que ce type ne peut avoir eu d'autre but que de figurer *la dédicace de l'église du Mans à S. Gervais et à S. Protais.*

Un monument curieux, la fameuse pierre

(1) Plusieurs monétaires portent le nom de Badégésile ou de Baudégésile. Notre évêque, intendant du roi Chilpéric, pourrait-il en revendiquer l'émission, au titre royal, bien entendu ?

(2) C'est ainsi que la figure qui occupe le champ du sol d'or de l'église de Limoges, est destinée, suivant M. Cartier, à en représenter le patron, S. Martial; c'est ainsi encore que le symbole de l'eucharistie, qu'on voit sur les triens de Cahors, implique l'intervention de l'autorité ecclésiastique, et que la même circonstance se révèle par le calice sur les triens au nom de S. Martin.

gravée, figurée par Gruter (1) (voir pl. 1re, fig. 28) sur laquelle M. Duchalais a déjà appelé l'attention des numismatistes, à l'occasion d'une autre question, vient pleinement confirmer cette induction. Ici, point d'erreur possible : les deux martyrs milanais sont expressément désignés par leur nom, et le monument lui-même, qu'ils prennent sous leur patronage, est souscrit du mot CÆNOM. La main divine, symbole expressif et incontestable de protection, plane sur le groupe.

Dans la monnaie, ce dernier sigle manque ; mais l'attitude des personnages, surtout de celui de droite, dont la main est visiblement dirigée vers le monument, et plus encore, l'aspect général de la scène, ne permettent pas de douter que l'intention du graveur n'ait été de lui imprimer le même caractère.

Cette représentation tire son origine d'un fait qui se rattache essentiellement à l'histoire ecclésiastique, d'un fait attesté par les monuments écrits et la tradition la mieux établie. A l'époque de la translation, dans la cathédrale du Mans, des reliques insignes de S. Protais et S. Gervais, cette église reçut une nouvelle consécration sous le vocable de la Ste.-Vierge, de S.-Pierre et de S.-Protais et S.-Gervais (2); le patronage de ces derniers martyrs, auquel celui de S. Julien fut ajouté quatre cents ans plus tard (3), conserva même longtemps après, une énergie singulière, puisque nous le voyons figuré ou symbolisé (4) dans un curieux contre-sceau de l'évêque Pierre de Longueil, déposé aux archives de la préfecture de la Sarthe. Nous avons fidèlement reproduit, pl. Ire, fig. 30, ce contre-sceau, qui est appendu à une charte datée de 1314.

La représentation d'un symbole de cette nature n'a pu se substituer, d'autorité, à l'effigie royale qui couvre l'une des faces de presque toutes les monnaies mérovingiennes, sans l'intervention de l'autorité ecclésiastique; et il y a là, il faut le reconnaître, l'indice d'un droit identique au *jus monetale* des évêques de Cahors, par exemple, ou de la même nature que le *ratio Basilici* de l'église de S.-Martin de Tours et des autres privilégiés.

Nous avons cité, à dessein, les monnaies de Cahors ; comme notre saïga, elles portent dans le champ, pour seule marque caractéristique de leur origine, un type évidemment ecclésiastique : deux colombes s'abreuvant dans une coupe. Cette communauté de type muet devient plus frappante encore par la suite, si nous remarquons que le monnayage ecclésiastique cesse à Cahors sous l'autorité des premiers rois de la seconde race, qu'il reparaît au commencement de la troisième, d'abord au type épiscopal pur et ensuite au type mixte de l'évêque et de la cité; et qu'enfin il cède sans retour le champ à cette dernière. De même, au Mans (5), nous trouvons des traces d'un monnayage ecclésiastique aux temps mérovingiens, traces qui disparaissent complètement (6) sous la main puissante des trois premiers carlovingiens, pour reparaître

(1) Pl. MCLVIII.

(2) *Gest. Ald.*, III, 9.

(3) La première mention du patronage de S. Julien se trouve dans la dédicace de l'église, faite sous l'évêque Ménard (951–970).

(4) Nous expliquons ainsi ce contre-sceau : les deux martyrs, premiers patrons de l'église, sont invoqués par l'évêque Pierre de Longueil, qui, dans l'attitude de la prière, est représenté dans la rosace inférieure.

(5) Nous anticipons un peu sur l'ordre naturel des faits; mais ces rapprochements sont nécessaires pour préparer le lecteur aux vicissitudes du monnayage de notre province.

(6) Les traces apparentes seulement; car nous démontrerons plus tard que le droit monétaire de l'église a dû s'exercer à cette époque, comme aux temps mérovingiens, en se conformant toutefois aux idées d'unité et de centralisation des premiers carlovingiens.

sous leurs débiles successeurs, d'abord à l'abri de la formule traditionnelle GRATIA D‾I REX (1), et ensuite en partage avec le baron féodal pour qui l'usurpation tenait lieu de privilége (2).

Au reste, ce que nous disons ici du monnayage de Cahors et du Mans, nous pourrions le dire de celui de presque toutes les villes épiscopales, notamment de Tours, de Limoges, de Chartres, de Strasbourg (3), etc. L'histoire monétaire n'est pas autre, en effet, que l'histoire politique; elle en est le reflet le plus fidèle et le moins contestable, et comme les idées qu'ils représentent, les types numismatiques reçoivent des modifications diverses de l'état plus ou moins normal de la société, et de l'influence plus ou moins énergique de tel ou tel élément de gouvernement.

C'est pour avoir méconnu ces principes, pour avoir voulu trouver, par exemple, des preuves d'un monnayage épiscopal explicite, à toutes les époques de notre histoire, qu'on a été conduit à nier l'authenticité des diplômes de Thierry III et de Louis-le-Pieux (4), dont nous allons parler. A l'époque, il est vrai, où les critiques ont été lancées, les grandes lois de notre système monétaire étaient bien peu connues, et Dom Liron lui-même, qui le premier et le seul les ait ouvertement attaqués (5), paraît ignorer les éléments de la numismatique française.

Au point où cette science est parvenue aujourd'hui, il est extrêmement facile de rendre raison de toutes les prétendues difficultés que le critique a accumulées, comme à plaisir, dans son article sur *l'Ancienne Monnaie du Mans*.

Aiglibert, évêque du Mans, à qui le roi Thierry III, accorda le plus ancien des diplômes monétaires connus de l'église de ce diocèse, était dans une situation politique et ecclésiastique qui justifiait parfaitement cette faveur. Le diplôme lui donne le titre d'*archiepiscopus*, et nous savons, par les Actes des évêques du Mans qu'il était archichapelain du roi Thierry, et qu'il avait d'ailleurs reçu le titre éminent de *princeps episcoporum* (6). Ces deux circonstances, que Dom Liron a passées sous silence, guidé par un esprit systématique, inséparable de la nature même de ses études, réduisent tout d'abord à néant l'une des objections les plus considérables de ce critique. Les Bénédictins, dans leur savant *Traité de Diplomatique*, ont cité d'ailleurs des exemples du titre d'archevêque donné à des évêques bien antérieurement à l'avénement de la seconde race (7); et Dom Ruinart, dans sa *Dissertatio historica de pallio archiepiscopale* (8), confirme pleinement à Aiglibert le titre d'archevêque, en le motivant sur l'usage introduit à l'époque mérovin-

(1, 2) Ici encore nous affirmons des faits auxquels le lecteur n'est pas préparé, mais nous prenons l'engagement d'en fournir plus loin la preuve.

(3) Voir, dans la *Revue Numismatique*, les *Notices* de M. Cartier *sur le monnayage de Tours et du Limousin*, 1838, 97 et 258, et 1841, 34; celle *sur le type chartrain*, du même auteur; enfin l'*Essai sur l'ancienne monnaie de Strasbourg*, par M. Louis Levrault, in-8°, 1842; et le compte rendu de ce dernier ouvrage. *Revue Numismatique*, 1842, 380.

(4) Nous donnons le texte de ces diplômes à la fin de notre notice.

(5) *Singularités historiques et littéraires*, par Dom Liron, tome Ier, 145.

(6) *Ipse enim domnus Aiglebertus archicapellanus et princeps episcoporum regni erat; ideo concessum erat ut haberet adjutorem sibi et chorepiscopum ut quando ipse præoccupatus in servitio regali, prædictus chorepiscopus ei adjutorium procuraret aliquot.* Analecta, p. 193.

(7) *Nouveau Traité de Diplomatique*, IV, 619.

(8) *Dissertatio historica de pallio archiepiscopale, auctore D. Theodorico* Ruinart *è cong. S. Mauri.* (Extrait du tome II des ouvrages posthumes de D. J. Mabillon et D. Ruinart, bénédictins; par Vincent Thuillier, in-4°, 1724).

gienne, d'en décorer les *princes des évêques;* il lui donne pour synonyme *patriarcha*.

Une autre objection, tirée de la formule finale du diplôme, *et anuli nostri impressione subter sigillare...*, n'a guère plus de valeur. En effet, Dom Liron soulève ici une difficulté de diplomatique pure, et nous ne comprendrions pas que son autorité pût, sur ce point, prévaloir contre celle de Mabillon et des Bénédictins. Or, le premier se contente d'assurer (1) que les exemples de ce protocole sont peu nombreux, sous la première race : *at pauca, si non fallor*, etc.; et quant aux auteurs du *Nouveau Traité de Diplomatique*, ils citent un diplôme de Chilpéric et plusieurs autres, également mérovingiens, qui présentent la même formule finale, en faisant remarquer que cette circonstance n'est pas suffisante pour rendre ces pièces suspectes, et que Mabillon, dans la phrase dont nous avons cité les premiers mots, n'a nullement eu l'intention de professer cette doctrine.

Restent donc les objections tirées de l'histoire numismatique. Ici, Dom Liron s'est montré complètement étranger aux rudiments mêmes de la science, et l'on ne comprend pas aujourd'hui que ces objections aient pu trouver place dans un ouvrage sérieux. Ce critique pense que, s'il n'est pas fait mention de la monnaie du Mans dans les réglements monétaires des années 704, 805, 823 et 854, qui ont pour objet, en général, d'établir de nouveaux types et de décrier les anciens, c'est une preuve que la monnaie du Mans n'existait pas antérieurement.

Nous connaissons peu les dispositions législatives rendues en matières monétaires, sous les règnes de Charlemagne, de Louis-le-Pieux et de Charles-le-Chauve; et, en général, les monnaies elles-mêmes sont presque toujours en désaccord avec les édits précités, qui paraissent n'avoir eu qu'une existence éphémère, ou même n'avoir jamais été exécutés (2).

D'un autre côté, le défaut de mention de la monnaie du Mans, dans ces édits, semble au moins un objection puérile. Nous avons, en effet, des preuves d'un monnayage ecclésiastique à S.-André de Bordeaux, à S.-Denis, à S.-Firmin d'Amiens, à S.-Gaucher de Cambrai, à S.-Martin de Tours, à S.-Etienne de Besançon ou de Metz, sous les règnes de Pépin ou de ses trois successeurs; et l'on ne voit pas que l'existence de ces ateliers ait été modifiée par ces édits qui n'en font non plus aucune mention. Mabillon, si juste appréciateur de la valeur des diplômes, explique cette circonstance en disant que les privilèges ecclésiastiques ne recevaient aucune atteinte de ces réglements monétaires, propres aux ateliers royaux : *Sed hæc, ecclesiarum privilegiis non præjudicant* (3).

L'autorité du fait vient aujourd'hui pleinement confirmer cette proposition; et l'exemple éclatant du privilége de S.-Martin de Tours, traversant impunément les vicissitudes des temps, depuis Clovis jusqu'au milieu du XIIIe siècle, ne permet pas de douter de l'énergie des droits monétaires ecclésiastiques (4).

Les objections formulées par Dom Liron contre le diplôme de Louis Ier se refutent par les mêmes moyens; et il est même remarquable que, sans ce diplôme, il nous serait fort difficile d'expliquer l'existence de notre saïga

(1) *De Re diplomatica*, in-folio, 1719, 107.

(2) Ce sentiment est celui de tous les numismatistes modernes qui se sont occupés de la matière. Voir les *Lettres sur l'histoire monétaire*, de M. Cartier, les travaux de MM. de Longpérier, Fougères, etc.

(3) *De Re diplomaticâ*, III, ch. 1er, 220.

(4) Voir, pour les périodes carlovingiennes et capétiennes, la planche V du volume 3 de la *Revue Num.*

au type de S. Gervais et S. Protais ; en effet, cette monnaie a toujours été considérée comme l'un des plus anciens monuments du monnayage mérovingien. M. Cartier l'a placée en tête des planches XIII et XIV du volume de la *Revue* de l'année 1 40, dont les types sont classés chronologiquement ; M. Conbrouse a fait de même dans son atlas ; et si nous n'eussions eu pour point de départ que le diplôme de Thierry III, placé généralement à l'année 625, il eût fallu, pour attribuer à son règne, cette curieuse monnaie, briser la loi du type, si féconde en résultats, qui renvoie au règne de Clotaire Ier, ou au plus tard à celui de Sigebert Ier (561-575), toutes les imitations romaines ou byzantines de la nature de celle de notre saïga ; mais dès que le diplôme de Louis Ier nous permet de faire remonter le privilège monétaire de l'église du Mans aux prédécesseurs de Thierry, *sive Theodorici regis atque anteriorum regum*, etc., toute difficulté disparaît, et cette circonstance, dont le critique tirait un argument défavorable, vient, au contraire, prêter un merveilleux appui à notre système.

Nous n'insisterons pas sur la haute position de S. Aldric, l'un des évêques les plus illustres de son temps. Elevé à la cour de Charlemagne, Aldric fut le condisciple et l'ami des fils de l'empereur. Trois jours après sa consécration, qui eut lieu le 23 décembre 832, il reçut au Mans, Louis-le-Débonnaire, qui passa, près de lui, les fêtes de Noël. Plus tard, le concile d'Aix-la-Chapelle lui confia la haute mission de réclamer auprès de Pépin, roi d'Aquitaine, la restitution des biens de l'église, que ce prince avait usurpés ; et l'habileté du négociateur assura le succès de cette entreprise délicate. Voilà, nous le pensons, plus de titres qu'il n'en faut, pour expliquer et motiver la reconnaissance d'un droit monétaire, déjà accordé à ses illustres prédécesseurs.

Nous croyons inutile de discuter l'opinion de Duby (1) relativement à nos diplômes ; nous lui reprocherons seulement de s'être montré trop peu rigoureux dans l'admission des critiques de Dom Liron, et surtout assez complaisant pour donner à Louis VI, ou Louis VII, la singulière pièce, nous n'osons pas dire monnaie, qui, jusqu'ici, a constitué l'unique preuve d'un monnayage ecclésiastique au Mans.

Un inconvénient assez grave, cependant, est résulté de l'article de Duby. Cet auteur a jeté les numismatistes dans une voie complètement fausse, en leur donnant le change sur la nature et la valeur du droit monétaire de l'église du Mans, personnifié par une médaille plutôt que par une monnaie, jusqu'ici d'ailleurs introuvable (2).

Le seul numismatiste qui, depuis Duby, ait traité des monnaies du Mans, est M. Cartier, l'un des savants directeurs de la *Revue Numismatique*. Son article qui, sous le titre trop modeste de *Notes pour servir à l'Histoire monétaire des provinces de France*, ouvre la série des mémoires insérés dans ce recueil distingué, a été publié, pages 38 et suivantes du 2e volume. Il comprend des développements curieux sur certains points de notre histoire monétaire, jusqu'ici peu compris ; mais il n'entrait pas dans son cadre de donner à la question du monnayage ecclésiastique l'importance que nous lui assignons dans le nôtre, et surtout, il faut le dire, la question

(1) *Traité des Monnaies des prélats et barons*, 1er v., 39.

(2) Cette monnaie, ou plutôt cette médaille, que nous reproduisons, sous le no 25 de notre planche Ire, d'après la figure donnée par Duby, n'existe pas au Mans, et nous ne sachons pas qu'elle ait été vue ailleurs en nature. M. de Mauluy qui a dit, dans l'*Annuaire de la Sarthe de* 1813, l'avoir entre ses mains, a eu le tort de ne pas la faire dessiner, et de remettre au graveur, qui nous l'a certifié, des dessins calqués sur ceux de Duby.

n'était pas arrivée à un point de maturité suffisant, pour qu'il y eût utilité à lui donner ce développement.

M. Cartier ne connaissait, ni le saïga au type de S. Protais et S. Gervais, ni les trois intéressantes monnaies qui sont figurées sous les n°s 18, 19 et 20 de la planche II; enfin il manquait des éléments nécessaires à l'explication de la légende SIGNUM DEI VIVI, et du différent dit de la racine, que nous donnons pour la première fois.

Ces témoignages incontestables de l'intervention ecclésiastique dans la monnaie du Mans, à quatre époques si éloignées l'une de l'autre, ont changé complètement la face des choses. Nous sommes heureux que le hasard (1), plutôt que tout autre agent, nous ait si bien servi.

De graves discussions se sont élevées, dans ces derniers temps, relativement au système monétaire des Francs. La plupart des difficultés soulevées par les textes et les monuments ont été expliquées ou résolues avec bonheur par divers numismatistes, à la tête desquels il faut placer M. Guérard, à raison de l'importance de son travail et de la rigueur, en quelque sorte mathématique, avec laquelle il a procédé (2).

Ce savant a renfermé, sous le titre de *Propositions*, l'énoncé et l'examen de quatorze questions principales qui se rattachent au système du monnayage franc. Comme ces propositions constituent, jusqu'à ce jour, l'ensemble de doctrine le plus satisfaisant sur la matière, nous croyons devoir y renvoyer ceux qui s'intéressent à l'étude de ces questions. Il n'entre pas dans notre plan de les traiter d'une manière même sommaire.

Nous en dirons autant de celles qui sont relatives à la qualité des monétaires et au rôle qu'ils ont joué dans la société mérovingienne (3). L'examen de ces diverses questions est du domaine de l'histoire générale, et nous n'oublions pas notre mission de monographe.

LE MANS.

Nous avons déjà décrit le saïga ou denier d'argent de la Bibliothèque Royale, et nous avons dit les motifs qui nous faisaient reporter son émission aux premières époques du monnayage mérovingien. Son type, infiniment curieux, ne peut laisser de doute sur son origine *ecclésiastique*, si l'on attache à cette dernière expression un sens plus large que celui qu'on est convenu, de nos jours, de lui donner.

En effet, les concessions monétaires accordées aux églises et aux abbayes, ont eu longtemps un caractère réellement municipal, constituant ainsi un droit propre, non à tel ou tel individu, mais à la cité ou à la ville même, dont l'église ou l'abbaye était l'immuable emblème et la plus haute expression (4); témoin S. Martin de Tours, qui contre-signait ses monnaies carlovingiennes des mots TVRONIS

(1) Si le hasard a eu une grande part dans la découverte de ces documents précieux, nous aimons à reconnaître ici que nous avons été aidés dans leur emploi, par la bienveillance et la sagacité de M. Cauvin et de M. l'abbé Lottin, dont les bons conseils nous ont été si précieux dans toute la partie historique de ce travail.

(2) Mémoire lu, au mois d'août 1837, à l'Académie royale des Inscriptions et Belles-Lettres, inséré par extrait dans le 2e vol. de la *Revue Num.*, page 406.

(3) *Revue Num.*, I, 49, 231, 233; III, 448. Voir aussi l'*Essai sur les monnaies du Poitou*, par M. Lecointre-Dupont.

(4) Les évêques du Mans étaient les véritables chefs de la cité. Nous les voyons, dans les circonstances périlleuses, marcher et combattre à la tête des Manceaux, et ne se résigner, qu'après une lutte acharnée, à subir l'autorité du premier comte héréditaire, Herbert Ier; témoins Sigefroy, Avesgaud et Arnauld (de 960 à 1081).

CIVITAS. Nous verrons cette circonstance se reproduire au Mans, à la même époque et dans les mêmes conditions, c'est-à-dire avec le type du temple (1).

Ces observations trouvent leur application dans la figure même de notre saïga. Il résulte bien évidemment de la comparaison tirée de cette monnaie et de l'onyx de Gruter, pl. Ire, fig. 28, que le monument placé entre les deux martyrs, dans l'une et l'autre représentation, est destiné à figurer la même idée. Dans l'onyx, on a vu la porte de la ville du Mans; nous croyons qu'il faut voir, dans le saïga, celle de l'église de cette ville, caractérisée par la croix qui surmonte l'édifice. Toutefois, nous ne tenons pas exclusivement à l'une ou à l'autre de ces interprétations; et l'on remarquera même qu'en suivant le cours de nos idées sur la prépondérance de l'église du Mans, à l'époque mérovingienne, on arrive à comprendre parfaitement comment les patrons de l'église sont devenus en même temps ceux de la ville; et comment ainsi deux représentations, qu'on pourrait croire en contradiction l'une avec l'autre, acquièrent, au contraire, par cela même, une autorité singulière.

M. Conbrouse, dans l'incertitude où il était de la valeur historique du type de notre saïga, a donné au monument le nom de *calvaire*, avec un point de doute. Toutes les représentations, il est vrai, qui en ont été faites, autorisaient, jusqu'à un certain point, cette interprétation. La *Revue Numismatique* elle-même, qui a rendu de si grands services à la science, par la correction et la rigueur de ses dessins, n'a pas été heureuse dans celui de ce denier (2).

La partie supérieure du monument qui, suivant nous, forme le linteau de la porte, y est représentée cintrée, tandis que dans l'original c'est une ligne inflexible se brisant à angles droits, à la rencontre des jambages; de plus, la porte a perdu de sa hauteur, et l'appendice central, dont nous allons parler, a acquis une importance qui a pu abuser quelques numismatistes sur sa véritable valeur symbolique (3).

Il existe au centre du monument un relief ovoïde, peu caractérisé, coupé de deux barres horizontales au milieu de sa hauteur. On l'a pris pour la pierre celtique qui se trouve adossée, depuis un temps immémorial, à l'un des angles de la cathédrale.

Nous ne pouvons, en aucune manière, partager ce sentiment. Ce renflement n'a pu avoir d'autre but que de figurer la porte elle-même, dont les pieds droits et le linteau ont été représentés par le cadre rectangulaire, tandis que les deux barres horizontales en marquaient les ferrements ou les traverses destinées à la fermeture. Vouloir expliquer la présence d'un monument celtique sur une monnaie chrétienne, par une allégorie puisée dans l'idée du triomphe de la religion révélée sur les idoles, c'est faire appel à un ordre de faits entièrement inconnus dans l'histoire monétaire franque, et donner d'ailleurs à notre monnaie une antiquité à laquelle elle ne saurait prétendre, puisqu'il faudrait admettre la pensée d'un triomphe récent, ce qui ne s'accorde guères avec toutes les traditions

(1) Voir les trois curieuses monnaies figurées sous les nos 18, 19 et 20 de notre planche II.

(2) Voir le dessin de cette monnaie, pl. XIII, fig 1re, année 1838. Nous désirons vivement que MM. les directeurs de la *Revue* nous pardonnent cette légère critique, que nous ne nous serions pas permise, si nous avions pensé qu'elle pût porter la moindre atteinte à l'excellence de leur recueil.

(3) La figure de ce denier, donnée par M. Conbrouse et les éditeurs des *Monnaies mérovingiennes*, est calquée sur celle de la *Revue Numismatique*.

sur l'introduction du christianisme dans le Maine.

Le caractère rectangulaire convient d'ailleurs parfaitement aux premières basiliques. La porte et le plafond de S.-Clément et de S.-Georges au Vélabre, à Rome, sont composés de lignes horizontales et verticales, et Palladio donne le même caractère au type général de la Basilique (1).

Nous n'avons rien à dire au sujet du nom inscrit autour du monument; car nous ne pensons pas qu'il y ait possibilité d'admettre la lecture suivante : Episcopus BRICHARIVS. S. Béraire était évêque du Mans de 654 à 679, et le nom BERACHARIVS EPISCOPVS se trouve accolé à celui d'Aiglibert, aussi évêque du Mans, dans diverses chartes publiées par Mabillon (2); rien n'indique d'ailleurs qu'E-BRICHARIVS soit le nom d'un monétaire, et la lettre B a une forme singulière, qui peut convenir à une initiale.

Les trois autres monnaies mérovingiennes du Mans, que nous donnons ci-après, ont été, comme la précédente, fidèlement copiées sur d'excellents clichés envoyés, dans le temps, au musée de cette ville, par feu M. Ghéerbrant, de la Bibliothèque Royale.

Avers : ꞒENOMANNIS ; tête à droite, chaperonnée.

Revers : ETTONE MO ; croix pattée, haussée sur deux degrés ; poids, 1g 33c ; Biblioth. royale ; fig. 2, pl. II, et fig. 10, pl. Ire.

Nous retrouverons, plus loin, le monétaire Etton, à Ballon, très-ancienne localité située à 2 myriamètres du Mans.

Avers : ꞒENNOMANIS ; croix haussée sur deux degrés.

Revers : AVϥEMARIS MON ; profil droit ; poids 1g 27c. Biblioth. royale ; fig. 3, pl. II, et fig. 11, pl. Ire.

Avers : CENOMANNIS, tête à droite, chaperonnée.

Revers : FGDOLGNVS, Cab. Cartier ; poids 1g 22c, fig. 4, pl. II, et fig. 12, pl. Ire.

Ces trois triens d'or, marqués des noms de monétaires sans doute obscurs, peuvent être revendiqués au même titre par l'autorité royale et le pouvoir local ; il serait prématuré, aujourd'hui, de vouloir leur assigner l'une ou l'autre de ces origines.

Il nous reste à parler d'un triens donné (1) par *les Editeurs des Monétaires mérovingiens* à la ville du Mans ; nous l'avons figuré sous le n° 18 de la pl. Ire ; en voici la description :

Avers : légende illisible ; tête à droite, chaperonnée.

Revers : monogramme cruciforme, surmonté d'une croix ; ou encore, croix chrismée, recroisetée au jambage supérieur, cantonnée, au 3e et au 4e cantons, des lettres .Ͻ .Ǝ (*sic*).

Si les éditeurs du *Recueil des Monnaies mérovingiennes* ont eu des motifs particuliers d'attribution au Maine, comme, par exemple, le lieu de l'enfouissement, nous proposerions de voir dans les deux lettres .Ͻ .Ǝ qu'il faut nécessairement lire E. C., et non C. E., les initiales des mots ECCLESIA CENOMANENSIS. Cette lecture, si elle était admise, serait une nouvelle sanction de l'existence d'un monnayage ecclésiastique au Mans, à l'époque mérovingienne. Dans tous les cas, nous aurions peine à voir dans les deux lettres .Ͻ .Ǝ les initiales du mot CENOMANIS, dans le sens ordinaire attaché aux lettres qui accostent la croix ; par exemple, aux sigles C. A. et M. A. qui sont incontestablement les initiales de CABILONE et MASSILIA, sur les

(1) *Monuments anciens et modernes*, par M. Gailhabaud, 6e, 7e et 42e liv.

(2) *De Re diplomaticâ*, 380, 382, 479, *b. c.*

(1) N° 13, pl. XXI des *Monétaires mérovingiens*.

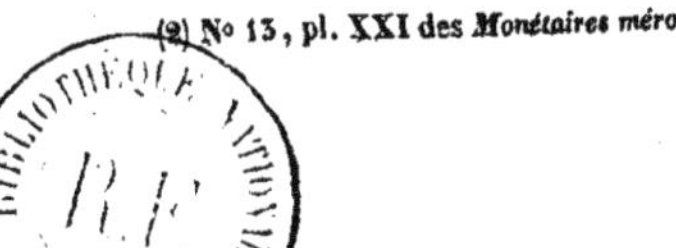

nombreuses pièces d'or de ces deux villes. En se reportant, en effet, à la matrice de notre triens, il est évident que le graveur y a apposé les lettres E. C., ainsi placées.

ALONNES ?

Avers : ALAONA, tête à droite, chaperonnée.

Revers : MARQISILO, croix carlovingienne; poids 1g 27c. Bibl. Roy., fig. 21, pl. Ire.

Alonnes, près du Mans, a une origine fort reculée : il n'est plus permis d'en douter, d'après les dernières fouilles que M. le préfet Mancel, aidé du conseil général, y a fait pratiquer, à la satisfaction du monde savant. De plus, son importance, à l'époque gallo-romaine, ne saurait être contestée, en présence des vastes hypocaustes que les déblais ont mis au jour, et des nombreux enfouissements de médailles romaines qui y sont journellement découverts depuis le commencement du dernier siècle.

Alonnes, sous le nom d'*Aloniacus*, figure parmi les localités dont le gouverneur de la province fit présent à S. Julien, lors de sa mission dans les Gaules, vers le IVe siècle.

M. Conbrouse avait donné ce triens à Alonne en Anjou, avec un point de doute. On peut l'attribuer peut-être avec plus de fondement à *Alauna*, près Valognes.

BALLON.

Nous proposons, pour la première fois, d'attribuer à Ballon les monnaies, jusqu'ici incertaines, où se lisent les noms BALATONE, BALATON.FI ou BALAIONNO. En voici la description :

Avers : BALATON.FI, tête à droite, chaperonnée, très-barbare.

Revers : XISOBAVDE, croix ancrée, cantonnée, au 3e et au 4e, de deux croisettes, haussée sur un globe ; poids..... Cab. Enfert., fig. 18 de la planche Ire.

Avers : + BALAIONIII, tête à droite, chaperonnée, très-barbare.

Revers : ISOBAVDEM ; croix ancrée, surmontée, aux deux branches horizontales, de deux pals ; cantonnée, au 3e et 4e, de deux croisettes ; poids.... Cab. Poeydavant ; fig. 17, pl. Ire.

Avers : BALAIONNO, profil droit.

Revers : ETTONE MON ; poids..... Cab. Dassy ; no 128, M. Conbrouse.

Avers : BALAIONNO, buste à droite.

Revers : Croix haussée, avec deux étoiles et deux points ; poids. . . . . Cab. Boilleau, no 989 du *Catalogue* de M. Conbrouse.

En publiant la première de ces quatre monnaies, M. Cartier avait proposé de lire BALATONE ou BALATON.FI, et de l'attribuer à Balatedine, bourg de Touraine ; toutefois, il s'était empressé d'ajouter que cette attribution n'était guères probable.

Nous croyons nous rapprocher davantage de l'orthographe du nom inscrit, en donnant ce triens à Ballon, chef-lieu de canton, situé à deux myriamètres du Mans. La seule modification à faire subir au mot BALATONE consiste, en effet, à changer le T en D, à substituer la lettre forte à la faible.

Du reste, l'orthographe du nom de Ballon a singulièrement varié. M. Cauvin, dans sa *Géographie ancienne du Maine*, donne, d'après les chartes, les formes suivantes : BALADON, BALEDO, BALAUM, BALAON, BALOON, etc., etc.

La première paraît seule avoir été usitée sous les Mérovingiens et jusqu'au règne de Charlemagne.

Le *Gesta pontificum Cenomanensium*, manuscrit fort ancien, déposé à la bibliothèque du Mans, dit expressément, en parlant des églises consacrées par S. Julien, au IVe siècle :

Ecclesias dedicavit... de Baludone, page 17, v°; voir aussi *Vetera Analecta*, in-folio, 241.

En 802, Charlemagne, dans la charte de confirmation de ce bourg à l'église du Mans, se sert du même terme : *Precipimus ut nonæ vel decimæ persolvantur..... id est de..... villâ Baladon.*

Enfin, Orderic Vital, liv. X, en parlant du siége de Ballon par Foulques, comte d'Anjou, en 1098, dit : *Fulco comes Balaonem obsidit.*

Le monétaire Isobaude des deux premiers types n'a point de liaison, à nous connue, avec le Maine; mais, chose fort remarquable, le nom d'Etton, l'un des monétaires du Mans, se retrouve sur l'un de nos triens de Ballon.

La *villa Baladon* appartenait, comme nous l'avons vu, à l'église du Mans. Ne peut-on pas en conclure qu'Etton a dû frapper, au Mans comme à Ballon, une monnaie ecclésiastique? Nous ne voulons pas répondre par une affirmation, qui pourrait être taxée de légèreté : c'est déjà beaucoup de pouvoir poser, sans trop d'efforts, des questions de cette nature.

Ce triens au nom d'Etton, qui est dans le cabinet Dassy, n'a pu nous être communiqué (1), et l'on n'en trouve pas de dessin dans les ouvrages sur la matière; mais son existence est incontestable.

JAVRON.

Avers : GAVARONNO. FIT, tête à droite.

Revers : BOSO MONETAR, croix chrismée, cantonnée d'une étoile au 3e et 4e, haussée sur un globe; poids..... Cab..... n° 16 de la planche Ire.

Avers : + GAVARONNO. FIT, profil droit.

Revers : ANDEGESILVS + rameau perlé; poids..... Cab..... n° 20, pl. Ire.

(1) On sait que la collection de feu M. Dassy est sous les scellés.

Javron a une origine fort ancienne, et sous la domination romaine il était le chef-lieu de l'une des divisions du *pagus Diablenticus.*

Au IVe siècle, S. Julien consacra l'église de Javron; *Ecclesias dedicavit..... de Gauronno.* Gest. Pont. Cen., 17 v°; Anal., 241.

S. Fraimbault bâtit une cellule dans le pays de Javron; *Cellam...in vicaria Gabronensi.* Gest. Ald., 55; Baluze, 163.

Les deux monnaies qui précèdent sont données à Javron par M. Conbrouse, sous les n°s 434 et 435 de son *Catalogue.*

M. Lelewel avait déjà consacré cette attribution pour la seconde.

MARTIGNÉ ?

Avers : MARTINIACO, croix latine haussée sur deux degrés.

Revers : LEODOMVND·∽, tête à droite, très-barbare; les lettres MVN liées ensemble; poids... Cab. Rollin, pl. Ire, fig. 23.

Ce triens, d'une très-belle conservation, a été trouvé sur les limites des départements de la Sarthe et de la Mayenne; nous en avons été le premier possesseur. La connaissance du lieu de son enfouissement nous a engagé à le revendiquer pour Martigné (Mayenne).

En 642, S. Hadouin légua à l'abbaye de la Couture du Mans la villa de Martigné; *villas ..... de Martiniaco.* Gest. Pont. Cen.; Analecta, 268.

Charlemagne et son fils confirmèrent ce legs. Gest. Pont. C., 82. — Anal., 295. Gest. Ald., 14 v°. Bal. 33.

MATOVALL, *près Saint-Calais.*

Avers : + MATOVALL; tête à droite, chaperonnée.

Revers : VVASENDOSO; croix ancrée, cantonnée, au 2e et au 3e, de deux perles ou besants; poids 1^{g} 27^{c}. Cab. de Saulcy.

L'attribution de ce curieux triens, restée incertaine à l'époque de sa publication par M. de Saulcy, *Rev. Num.*, 1838, p. 269, est due à M. Th. Cauvin. Ce savant l'a donné, avec toute raison, au château royal de Madoal, situé près S.-Calais; *Rev. Num.*, même année, p. 400, v°.

De nombreux monuments signalent l'existence de cette localité aux temps mérovingiens.

Madoal était l'un des *vici* où S. Thuribe, successeur de S. Julien, établit une église. La relation de ce fait, dans le *Gesta Pont. Cen.*, donne la forme *Madvallo;* le même mot est écrit *Madoallo* et *Maddoaldo* dans la charte de fondation du monastère de S.-Calais, donnée par Childebert Ier (1); *Madoalis*, dans la *Vie de S. Calais*, par S. Siviard, au VIIe siècle (2); *Madvallis* et *Matvallis*, par plusieurs auteurs du IXe, qui lui donnent pour synonyme *Bonavallis* (3).

Childebert fit quelque séjour à Madoal; il n'est pas probable, cependant, que notre triens ait une origine aussi reculée, et nous aimerions mieux placer son émission postérieurement à l'époque où Sigebert abandonna une partie de ce domaine à S. Médard de Soissons, qui, comme l'on sait, jouissait du droit de frapper monnaie.

M. l'abbé Voisin, qui a publié une curieuse dissertation sur Madoal, nous a assuré que la tradition d'un atelier monétaire s'était perpétuée jusqu'à présent dans le village de Bonnevau, où il place le siége du domaine de Madoal.

Les éditeurs des *Monnaies mérovingiennes*, qui ont donné ce triens à une localité du Parisis, non indiquée, ignoraient vraisemblablement l'existence des autorités que nous venons de citer.

(1) *Amplissima collectio*, t. 1er, p. 2.

(2) *Acta Sanct. Jul.*, t. 1er. *Vita S. Caril.*

(3) *Acta Sanct. Jun.*, t. II, p. 86. Ibid. p. 94. Hist. de France, t. III, p. 440. Surius, t. IV, p. 2. Gall. Christ. t. IX, p. 339.

NOYEN.

C'est la première fois que cette localité est nommée dans un ouvrage de numismatiques: jusqu'ici toutes les monnaies au nom de NOVIOMO, NOVIVM, etc., ont été données à Noyon. Les circonstances particulières, dans lesquelles a été trouvé le triens dont nous allons parler, consacreront peut-être la nouvelle attribution de Noyen, en même temps qu'elles permettront de compter un atelier monétaire de plus à l'époque mérovingienne.

Avers : + NOVIOMO; tête à droite, casquée et barbue.

Revers : AVPVLFOX; poids 1^g^ 15^c^; croix égale, haussée sur deux degrés; cantonnée, au 1er et au 2e, de deux trèfles, au 3e et au 4e, de deux croisettes fortement pattées.

Ce beau triens, inédit, a été trouvé tout près de Noyen (Sarthe), dans une excavation de la route qui conduit de ce bourg à Précigné, non loin de la propriété de M. Delâage, son possesseur actuel.

Sans doute, il ne faut pas abuser du mode d'attribution par le moyen des lieux d'enfouissement; mais ici le rapprochement est trop frappant pour qu'il n'en résulte pas au moins une très-forte présomption; et combien d'attributions de monnaies mérovingiennes ont été faites et maintenues, qui n'avaient pour elles, ni la circonstance de l'enfouissement local, ni, surtout, la parfaite identité des noms.

L'existence de Noyen aux temps mérovingiens est justifiée par ce passage des actes de S. Julien; *Et dedicavit ecclesias... de Noviomo.* Gest. Pont. Cen., 17, v°. — Anal., in-folio, 241.

Sa qualité de *vicus publicus* ressort, du reste, de ce passage d'un diplôme de Charlemagne (802), qui assure à l'église du Mans la propriété de plusieurs bourgs ; *et de Noviomo... vicis publicis* (Gest. Pont. Cen., 82. — Anal., 299), et de cet autre d'un diplôme de Louis-le-Débonnaire, confirmatif du précédent; *et de Noviomo . . . vicis publicis.* Gest. Ald., 14, v°. — Baluze, 31.

Enfin ce bourg conserve plus tard de l'importance; et nous voyons, en 1050, Odon, chevalier, donner au monastère de S.-Vincent l'église de S.-Pierre de Noyen.—*Dono ecclesiam S. Petri de Noviomo.*

Les numismatistes jugeront si l'on peut attribuer à Noyen quelques-uns des triens inscrits du nom NOVIOMO, qui, jusqu'ici, ont été classés, avec un point de doute, parmi les monnaies de Noyon. Les circonstances de leur découverte nous sont d'ailleurs inconnues.

SAONE.

Avers : SAGOMO, profil droit.

Revers : IDE...MO, croix égale; poids... Cab...

Avers : SAGONO, profil droit, extrêmement barbare, parsemé de perles.

Revers : ORGESA, croix égale, cantonnée de perles—légende à rebours—argent—poids ... Cab... Cette monnaie est figurée pl. III, n° 42 de l'atlas Lelewel.

Avers : SONNO VICO, tête à droite.

Revers : FLANVISILV. Croix haussée; poids 1g 17c. Cab. Requien.

Avers : SANONNO, profil droit diadémé.

Revers : DOMARDO, croix largement pattée, en forme de calvaire, cantonnée de quatre perles ; poids 1g 35c. Cab. de la Fontenelle. Pl. Ire, fig. 24.

L'attribution de ces monnaies à Saône, très-ancienne capitale du Saônois, est plus ou moins contestable; toutefois, comme elle a acquis, au moins pour les trois premières, force de chose jugée, nous l'admettons sans difficulté, et nous allons donner à l'appui les différentes formes du nom de Saône, aux époques mérovingiennes et carlovingiennes.

La plus ancienne paraît être *Saugonna. Ecclesias dedicavit... de Saugonnâ*, dit le Gest. Pont. Cen., 20, v°. Anal. in-fol., 241.

Puis vient *Sogonna*, qui se maintient longtemps. Le testament de S. Longis est daté de Saône. *Actum Sogonna, mallo publico* (625). Gest. Pont. Cen., 49. Anal., 266.

Louis-le-Pieux confirma, à l'église du Mans les revenus de Saône... *et Sogonnâ... vicis publicis*. Gest. Ald. — Bal., 30.

Enfin, on trouve plus tard *Sagomo* dans les cartulaires de la Couture du Mans.

Saône était le chef-lieu de la division territoriale, nommée, dans les diplômes, *condita Sanonensis* ou *Savonensis*, *vicaria Sagonensis*, *territorium Saxonense*, enfin *Saxonia patria*, en souvenir, sans doute, de l'origine de la fondation de Saône, qu'on attribue à une colonie de Saxons.

M. Lecointre-Dupont avait donné le monétaire au nom SANONNO à Cenon (Vienne), qui n'en possède pas d'autre; les éditeurs des *Monétaires mérovingiens* l'ont restitué, avec quelque fondement, à Saône.

SILLÉ-LE-GUILLAUME.

Avers : SILLIACO, tête à droite, chaperonnée.

Revers : MAVRINOS, croix ancrée; poids ... Cab... Pl. Ire, fig. 19.

Ce triens, figuré par les éditeurs des *Monnaies mérovingiennes*, n'a pu être déterminé par eux. Nous proposons de le donner à Sillé, situé sur les confins des départements de la Sarthe et de la Mayenne.

Sillé est fort ancien et paraît remonter aux temps gallo-romains. Il était le chef-lieu d'une de ces divisions territoriales, appelées *con-*

dita ou *pagus minor; condita Silliacensis*, *pagus Silviacensis*. La forêt, à laquelle il est redevable de son nom, est bien connue. Le bourg portait le nom de *Silliacum* ou *Silviacus Willelmi*, en l'honneur de Guillaume, l'un des seigneurs, qui construisit l'ancien château.

Sous l'épiscopat de Sigefroy (971-994), Guillaume fit bâtir une chapelle dans le bois de Milesse, en réparation d'un meurtre commis. En 1069, le château fut assiégé par les Manceaux, etc., etc.

Nous renvoyons, pour plus amples détails, à la *Géographie ancienne du Maine* et à l'*Essai sur la Statistique de l'arrondissement du Mans*, par M. Th. Cauvin.

Nous devons dire que *Sillé-le-Philippe*, autre localité du département de la Sarthe, remarquable par de nombreuses substructions gallo-romaines, peut également revendiquer l'honneur d'avoir émis notre triens.

SOLÊMES.

Avers: §OLEMNI ~, profil droit.

Revers: + AAPLV...LDO, croix ancrée; poids 1g 17c. Bibl. roy., fig. 22, pl. Ire.

Solêmes, situé au sud du département de la Sarthe, et qui doit une certaine illustration aux belles sculptures de l'ancien prieuré, remonte aux premiers âges du christianisme dans le Maine.

Au IVe siècle, S. Thuribe consacra l'église de Solêmes. *Consecravit ecclesias... de Solemnis.* Gest. Pont. Cen., 19 v°. Anal., 242.

En 802, Charlemagne confirma à l'église du Mans les revenus de ce bourg... *de Solemnis villâ et vico.* Gest. Pont. Cen., 81, v°. Anal., 242.

En 832, Louis-le-Pieux en assura les dîmes au clergé... *de Solemnis villâ et vico.* Gest. Ald. Baluze, 30.

Néanmoins il existe plusieurs localités de ce nom, et nous ne connaissons aucun motif particulier d'attribution au Solêmes de la Sarthe.

Nous ne terminerons pas cette nomenclature des monnaieries mérovingiennes dans le Maine, sans dire un mot en faveur de Neuvy, très-ancienne localité, située dans le département de la Sarthe.

Ce lieu, cité dans les actes de S. Thuribe (1), avait, sous Charlemagne et sous son fils, le titre de *Vicus publicus* (2).

Il se pourrait que le n° 574 du catalogue Conbrouse, *avers*: + NOVO VICO +, profil droit; *revers*: DOMOLO. MO, croix ancrée du haut, attribué, avec un point de doute, à Neufvic, en Lorraine, appartînt à Neuvy. La croix ancrée semblerait l'indiquer, ainsi que le nom du monétaire, qui était commun dans le Maine. S. Domnole a été évêque du Mans. Les nos 574 *bis* et suivants paraissent d'ailleurs bien placés à Neufvic.

MONNAIES CARLOVINGIENNES,

ÉPISCOPALES ET BARONNALES.

On ne possède aucune monnaie frappée dans le Maine, sous les règnes de Pepin et de Charlemagne. L'absence de monuments numismatiques ne peut cependant contrarier les assertions très-positives, à cet égard, du diplôme de Louis-le-Pieux. Nous ne connaissons, en effet, qu'une partie des monnaies frappées sous ces règnes; et tous les jours on en découvre de nouvelles, d'un grand intérêt pour la science, témoins les trois curieuses

(1) *G. P. C.*, 19 v°. — *Anal.*, 242; *consecravit ecclesias... de Novovico.*

(2) *G. P. C.*, 82. — *Anal.*, 295. — *G. Ald.*, 14, *Baluze*, sub voce *Noviomor ... et Novovico... vicis publicis.*

monnaies figurées sous les n°s 18, 19 et 20 de notre planche II, dont la découverte remonte, au plus tôt, à l'année 1840. Espérons donc en l'avenir, qui se chargera, sans doute, de combler cette regrettable lacune.

Nous arrivons au règne de Louis-le-Pieux, l'un des plus intéressants de la numismatique française, et l'un de ceux qui peuvent offrir, à l'observateur patient, le plus de faits curieux. Nous nous occuperons seulement de l'espèce de monnaie, si commune en France, à l'effigie du temple, avec la légende XPISTIANA RELIGIO. M. Conbrouse en donne vingt-trois types différents (1), et il est permis de croire qu'il en existe un plus grand nombre.

Cette grande variété de coin et l'abondance de cette monnaie donnent à penser qu'elle n'a pu être émise par le même atelier; d'un autre côté, son type, essentiellement religieux, et sa persistance longtemps après Louis Ier, son créateur (1), autorisent à croire qu'elle a dû être la conséquence des nombreuses concessions de droits monétaires, accordés aux églises et aux abbayes par ce prince et ses successeurs.

J. Lelewel (2) cite dix-sept églises ou abbayes qui ont obtenu, sous la seconde race de nos rois, des diplômes monétaires, sans compter le privilège de l'église du Mans; et il est vraisemblable que le nombre en a été beaucoup plus grand encore (3).

Or, il n'existe pas de monnaies nominales pures, de ces églises ou abbayes, sous les quatre premiers Carlovingiens, et ce n'est qu'au temps de Charles-le-Simple, c'est-à-dire à une époque où le nom royal tombait en discrédit, que les privilégiés apparaissent, tout en conservant l'abri de ce dernier.

Il y a donc nécessité d'admettre que toutes ces concessions, la plupart consenties à titre de rappel de droits anciens, tombés en désuétude, avaient imposé aux privilégiés la nécessité de subir l'insertion du nom royal sur le droit de la monnaie, sauf à laisser le revers en possession d'un type qui pouvait satisfaire le but ostensible ou réel de l'exercice du droit monétaire.

M. Lelewel partage entièrement cet avis (4) : « Je suis intimement convaincu, dit-il, que » tous les privilèges donnés aux évêques et » aux abbés par Louis-le-Débonnaire, Char- » les-le-Chauve et ses successeurs immédiats, » ne conféraient que le monnayage royal, et » ne permettaient pas à ces prélats de battre » nominalement une monnaie épiscopale ou » abbatiale. »

M. Cartier (5) s'exprime, à cet égard, plus explicitement encore : « Il me paraît pro- » bable, dit-il, que les nombreuses pièces au » type du temple ou de l'autel chrétien, avec » cette légende XPISTIANA RELIGIO et le » nom de HLVDOVICVS ou LVDOVICVS » IMP., proviennent de monnayages ana- » logues de prélats auxquels Louis-le-Débon- » naire aurait fait cette concession, et qui » auront pu continuer quelque temps après » sa mort. L'abondance de ces pièces, leur » grande variété de coin justifient cette con- » jecture. »

A l'appui de cette opinion, M. Cartier donne une monnaie de l'église d'Arles, avec le temple et les légendes CRIistIANA RELIGIO et CONSTANTINA, ancien nom d'Arles. Cette pièce avait été trouvée dans un enfouissement de monnaies de Carloman et de Charles-le-Gros.

(1) Voir les variétés de ce type, figurées dans l'atlas Conbrouse.

(2) *Num. du Moyen-Age*, t. Ier p. 136.

(3) Nous ne parlons pas ici des nombreux privilèges accordés aux prélats allemands, sous les règnes des Othon (925 à 1000).

(4) *Num. du moyen-âge*, t. 1, p. 141.

(5) *Revue Numismatique*, 1837, p. 344.

On peut remarquer, de plus, que le temple a été, à la fin de la seconde race, le type de la monnaie nominale de S. Martin de Tours et des évêques de Lauzanne, d'Augsbourg et de Magdebourg.

Enfin, la monnaie du Mans fournit elle-même un exemple de la persistance de ce type, à cette époque, dans les trois deniers figurés sous les n°s 18, 19 et 20 de notre planche II; exemple d'autant plus digne de remarque, qu'il nous met vraisemblablement sur la voie de l'explication la plus rationelle du symbole du temple.

Le 21 novembre 834, S. Aldric dédia la cathédrale du Mans à S. Sauveur, et fit élever, au milieu de l'église, un autel sur lequel il érigea un crucifix remarquable.

Cette consécration n'était pas alors un fait isolé, mais une chose commune à un grand nombre d'églises, et provenait, sans doute, de l'importation en France des usages romains. La célèbre basilique de S.-Jean-de-Latran fut, comme l'on sait, spécialement consacrée à S. Sauveur; et le bréviaire romain fait encore aujourd'hui mention de cette dédicace.

S. Aldric, l'un des prélats les plus avancés de son siècle, grand seigneur et ami particulier du roi, dut accueillir très-favorablement la réforme venue d'Italie: aussi consacra-t-il à S. Sauveur, non-seulement l'église cathédrale, mais encore trois autres églises du Mans, au nombre desquelles figure la chapelle particulière du prélat.

Plus tard, le patronage de S. Sauveur se modifia, au Mans, sous l'empire de circonstances qui nous sont inconnues; et sans changer d'objet, il prit un autre nom, celui du Crucifix; mais tout prouve que l'origine de ce dernier vocable est la même que celle de S.-Sauveur. En effet, la nef de l'église cathédrale, qui remonte au XIe ou au XIIe siècle, est restée sous l'invocation du crucifix, et la paroisse attachée à la cathédrale, ainsi que son autel, portent encore aujourd'hui le nom de paroisse et d'autel du Crucifix.

L'importance de ce patronage, pour l'église du Mans, est attestée par un fait historique, d'une haute portée dans la question qui nous occupe: nous voulons parler de l'existence de deux curieux contre-sceaux des évêques du Mans, que nous publions aujourd'hui pour la première fois.

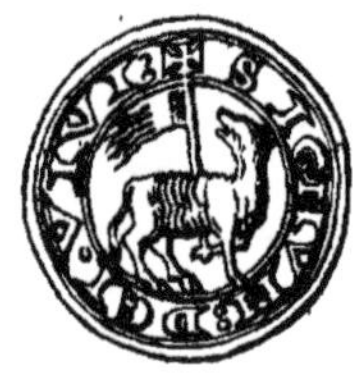

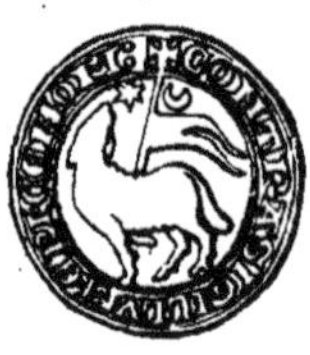

Le premier, classé aux archives du royaume sous le n° 3201 *bis*, est de Geoffroy de Loudon (1234). Il porte en légende ✠ SIGNVM : DEI : VIVI, et dans le champ, *l'agneau sacré, soutenant le drapeau de résurrection*, symbole bien connu de Jésus-Christ crucifié (1).

Le second, classé sous le 3202 *bis* du même dépôt, est de Geoffroy d'Assé (1271). Il porte en légende ✠ CONTRASIGILLVM : EPI : CENOM., et dans le champ, le même agneau, caractérisé d'une manière plus spéciale encore, en ce que la croix est accostée de deux signes qui se reconnaissent facilement pour être le soleil et la lune. Tout le monde sait, en effet, qu'au XIIIe siècle, il n'existait pas un crucifix qui ne fût accompagné de ces deux astres.

Les bénédictins et M. de Wailly reconnaissent que ce fut au milieu de ce siècle qu'on vit figurer, dans les contre-sceaux des évê-

(1) *Iconog. Chrét.*, *Histoire de Dieu*, par M. Didron, page 326.

ques, les patrons des églises ou, si l'on veut, les armes de ces dernières, avec des légendes en harmonie. Nos contre-sceaux appartiennent à cette époque. La légende (que nous retrouverons plus tard sur les monnaies), offre un accord merveilleux avec l'agneau central, considéré, soit comme Jésus, sauveur du monde, soit plutôt comme Jésus crucifié. Tout donne donc à penser que ce sont là les armes de l'église du Mans.

Si nous examinons maintenant la série des monnaies du Maine, nous y retrouvons, incontestablement empreint, le même symbole, modifié suivant les idées du temps.

Qu'on nous permette de commencer la série par la fin. Prenons d'abord l'un des plus anciens deniers au monogramme d'Erbert, attribués jusqu'ici, par erreur, à l'autorité unique des comtes du Maine; ce denier porte, au revers, la croix entourée de la légende + SIGNVM DEI VIVI. Ici, point d'hésitation possible; la croix centrale n'est plus le signe monétaire banal des monnaies de l'époque; elle devient un symbole dont nous comprenons la valeur : c'est *le signe du Dieu vivant*; ce sont les *armes* de l'église du Mans. Ces déductions, qui ne nous semblent guères contestables, après les données précédentes, nous amèneront, plus tard, à conclure que ces deniers sont des monnaies mixtes du comte et de l'évêque. Maintenant, il nous suffit d'établir qu'ils sont marqués des *armes* de l'église du Mans.

En remontant la série, nous trouvons le denier aux quatre temples adossés. Ici, encore, l'intention de symboliser la croix est frappante; ce n'est pas là non plus la croix monétaire ordinaire; celle-ci existe au revers. C'est une croix spéciale à la localité; c'est le même SIGNUM, non pas explicitement désigné, parce que c'eût été alors inusité, mais suffisamment distinct cependant des croix monétaires, pour qu'on puisse lui donner une valeur symbolique.

C'est toujours le patronage du Crucifix qui révèle aux populations l'origine ecclésiastique de la monnaie.

Enfin, vient le denier au temple unique.

Nous venons de poser les prémisses de notre raisonnement; qu'il nous soit maintenant permis d'en tirer les conséquences. Nous avons démontré que le Sauveur, le Crucifix ou la croix étaient, pour l'église du Mans, autant de vocables différents d'un même patronage, autant d'expressions diverses d'une même idée, jalonnée dans l'histoire et les monuments, pendant plus de quatre siècles. Nous pensons qu'il est possible d'en conclure, sans trop d'efforts, que l'autorité à laquelle on doit les monnaies à la légende SIGNVM DEI VIVI et les deniers empreints de la croix aux quatre temples, est bien la même que celle qui a émis le denier au temple seul. Il y a entre eux, indépendamment de la circonstance de l'enfouissement simultané, une identité d'aspect, de poids et de matière, qui révèle tout d'abord leur origine commune; nous ne parlons ici, bien entendu, que des premiers deniers au monogramme d'Erbert. De plus, à l'égard des monnaies aux temples, ce sont mêmes légendes sur toutes trois, et surtout une dernière circonstance vient prouver la parenté de ces deniers, c'est que ceux aux quatre temples ont, à n'en pas douter, emprunté chacun des éléments qui forment les branches de la croix, au denier au temple unique, manifestant ainsi, en quelque sorte, la volonté de révéler aux populations la communauté de leur origine.

Or, si ce point est démontré, et si dès lors il est prouvé par là que le temple, ou l'autel crucifère, a la même valeur symbolique que la croix, ou le crucifix, il nous paraît très-vraisemblable, puisque ce patronage remonte, pour le Mans, à S. Aldric, que ce prélat a dû, plus qu'aucun autre, user de son privilège monétaire, en battant monnaie au type de l'autel et de XPISTIANA RELIGIO. Cette dernière légende vient même compléter et expliquer l'alliance du denier du Mans, au temple unique, avec celui à la croix aux quatre temples, en prouvant surabondamment que *l'autel* doublement crucifère de Louis-le-Pieux, car nous préférons de beaucoup cette dernière expression, est un hommage spécial à Jésus-Christ (S. Sauveur), puisé, comme nous l'avons démontré, dans les nouveaux usages introduits à cette époque.

Peut-être trouvera-t-on ces déductions un peu longuement motivées, surtout pour ne donner naissance qu'à une simple conjecture ; mais elles forment, comme on peut le voir, la base du système que nous nous proposons d'adopter pour l'explication des types de presque toute la monnaie du Mans ; et à ce titre, peut-être nous pardonnera-t-on d'avoir essayé d'éclaircir un point de vue de notre histoire monétaire, jusqu'ici inexpliqué.

Nous ne terminerons pas cette discussion sans ajouter que les deniers, au nom de Louis-le-Pieux et au type du temple, sont très-communs au Mans, et que, dans un enfouissement récemment découvert aux environs de S.-Calais, six de ces deniers se sont trouvés mêlés à cinq monnaies de Charles-le-Chauve, d'Orléans, d'Auxerre et de Noyon.

Ainsi qu'il est arrivé dans la plupart des villes dont les églises étaient pourvues de privilèges monétaires, le roi Charles-le-Chauve a frappé monnaie, au Mans, au type royal pur. Le nombre et la variété des deniers de ce prince, à la légende plus ou moins régulière CIN✠MANIS CIVITAS, prouve même que l'atelier du Mans était l'un des plus actifs du royaume. Vers l'année 1836, on découvrit, à S-.Michel-de-Chavaignes, un enfouissement de monnaies comprenant plusieurs centaines de deniers de ce type avec une dixaine d'oboles. Une trouvaille faite à Teloché, en 1841, mit au jour quatre-vingt-cinq deniers du même type avec dix oboles au nom de Charles-le-Chauve, quatre deniers d'Orléans et sept oboles de cette dernière ville, d'une variété inédite.

Voici la description des principales variétés de ces deniers :

Avers : Monogramme de Charles. + GRATIA D-I REX.

Revers : CINOMANIS CIVITAS, croix. Ce denier, qui paraît le plus ancien de toute la série, ne faisait pas partie de ces deux enfouissements ; il est remarquable par l'O rond. M. Cartier, qui l'a possédé longtemps, a eu la bonté de nous le céder. Poids 1g 79c ; pl. II, fig. 6.

Avers : Monogramme de Charles. + GRATIA D-I REX.

Revers : +CIN✠MANIS CIVITAS ; croix. L'un des plus beaux deniers de la trouvaille de Teloché ; notre suite. poids 1g 72c ; pl. II, fig. 7.

Avers : Monogramme de Charles. + GRATIA D-I REX.

Revers : +CIN✠MANIS CIVITAS ; croix. L'✠ est cantonné, à droite, de deux points, et il en porte un en cœur. Plusieurs exemplaires du même style nous ayant offert cette marque, il paraît certain qu'on doit la considérer comme *différent* monétaire. Poids 1g 74c ; pl. II, fig. 8.

Avers : Monogramme de Charles. +GRATIA D- REX.

Revers : +CIN✠MANIS CIVITAS ; croix. L'I de DEI est supprimé plutôt comme *différent* que par oubli ou ignorance du graveur. Poids 1g 60c, pl. II, fig. 9.

Avers : Monogramme de Charles, renversé. + GRA- IDIRATIREX.

Revers : + cIN✠MANIS cIVITAS ; croix. La légende de l'avers de ce denier présente une inversion bizarre des lettres, sans doute pour différencier l'émission dont il faisait partie. Poids 1g 67c ; pl. II, fig. 10. Ce denier nous appartient, grâce à l'obligeance de M. Cartier.

Avers : Monogramme régulier de Charles. + GRATIA D⁻IREX.

Revers : CIN✠MANIS CIVITA.S ; croix. La légende de ce revers contient deux différents : l'S renversé et le point placé entre l'A et l'S du dernier mot. Poids 1g 74c. Pl. II, fig. 12.

Avers : Monogramme de Charles. + GRATI·A D⁻I REX.

Revers : CIN✠MANIS CIVITAS ; croix. Variété curieuse, qui formait une série bien distincte dans la trouvaille de Teloché. Poids 1g 74c ; pl. II, fig. 11. Cabinet Guerrier et notre suite.

Le coin de cette série est remarquable, en ce qu'il affecte, dans la position des lettres, dans la forme surtout de leurs *pattes*, une intention, que nous appellerons *giratoire*, qui se retrouve dans la croix du champ, dans celle des légendes et jusque dans les cordons perlés. Cette forme singulière, s'appliquant d'une manière générale à tous les éléments du type, est sans doute plus qu'un *différent ;* mais nous n'en saisissons ni le but ni la cause. C'est, nous le croyons, la première fois qu'elle est signalée.

Avers : Monogramme de Charles. + GRATIA D⁻I REX.

Revers : + CNI✠MAINS CATIVIS. Inversion presque complète de la légende primitive, surtout dans CIVITAS. Si nous ne craignions d'être taxé de subtilité, nous dirions qu'elle est causée par la presque *symétrie* du mot CINOMANIS, qui se lit également bien, en commençant par la fin, pour peu qu'on se rappelle qu'en épigraphique, l'S et le C ont la même valeur et qu'on substitue l'O à l'A ; c'est, du reste, un simple *différent* monétaire, produit en toute connaissance de cause, et non point une inversion fortuite, comme on a pu le croire quelquefois. Pour rendre cette vérité plus sensible, nous avons reproduit, l'un à côté de l'autre, les deux deniers connus à ce type. Le plus simple examen suffit pour constater qu'ils ne sortent pas du même coin, et qu'ils empruntent leurs éléments à deux systèmes épigraphiques différents. Le n° 13 appartient à M. Boilleau ; celui dont l'avers est figuré sous le n° 14 fait partie de notre suite : leur poids est de 1g 50c.

Ici nous retrouvons encore le mouvement *giratoire* assez prononcé, et dans deux sens différents ; les croix surtout en sont évidemment affectées.

Nous n'avons pas besoin de faire remarquer que le denier inscrit CHI✠MINNS CATIVIS, cité par M. Conbrouse, n° 221 de son catalogue, n'est autre que le n° 14 de notre pl. II, qui, comme nous l'avons dit, nous a été cédé par son ancien possesseur M. Cartier.

L'obole de ces deniers est bien connue.

Avers : Monogramme de Charles. + GRATIA D⁻I REX.

Revers : + CIN✠MANIS CIVI. Poids 92c. Pl. II, n° 15. Cab. Cartier, Boilleau, Drouet, Guerrier ; notre suite.

Une variété de cette obole est figurée sous n° 16, pl. II.

Avers : Monogramme de Charles ; O rond. + GRATIA D I REX. Le trait de D⁻I manque.

Revers : CIN✠MANI∽ CIVI. L'O est réduit à une croix pattée, et l'S est couché. — Poids identique. Pl. II, fig. 16. Cab. Drouet. — Provient de la trouvaille de S.-Michel-de-Chavaignes.

Nous ne connaissons pas les oboles au type CIN✠MANIS CIVITAS, citées sous nos 218 et 219 du Catalogue Conbrouse. Cette orthographe est sans doute encore le résultat d'une erreur.

D'après le traité de Strasbourg (844), Charles-le-Chauve prit irrévocablement possession de la province du Maine, qui lui avait été disputée jusqu'alors. Il fit même un séjour assez prolongé au Mans, séjour devenu célèbre par l'assemblée générale des grands du royaume, qui se tint à Coulaines (*Villa Colonia*), situé aux portes de cette ville.

Nos monnaies datent-elles de cette époque, et seraient-elles ainsi l'indice de la reconnaissance, par la ville, du droit de suzeraineté du roi Charles-le-Chauve? Nous ne verrions aucune autre objection à opposer, que l'existence du denier à l'O rond, qui s'éloigne, par sa fabrication et le dessin des lettres, de la série à peu près identique d'aspect des monnaies suivantes; peut-être celle-là serait-elle de la première année du règne de ce roi, lors de la compétition de Lothaire.

Quoi qu'il en soit, il est vraisemblable que l'exercice du privilège royal ne fut, pas plus au Mans qu'à Tours, une entrave à la continuation du monnayage ecclésiastique. On a, en effet, des monnaies turoniennes de presque tous les Carlovingiens, en même temps qu'on possède des pièces de ce temps, à l'effigie du du temple et à la légende mixte de l'abbaye de S.-Martin de Tours et de la cité. Il est donc à peu près hors de doute qu'il en dût être de même au Mans, à moins que les évêques de cette ville, délaissant, pour un moment, le type du temple, n'aient continué de battre monnaie au nom si populaire de Charles, pour revenir ensuite au type sacré, au moment où le nom royal tombait en discrédit. Nous inclinerions à admettre cette dernière hypothèse, qui s'accorde avec la composition des trésors de S.-Michel-de-Chavaignes et de Teloché.

Une découverte récente vient confirmer l'hypothèse de la persistance, dans le coin mansais, du monogramme de Charles, longtemps sans doute après le règne de Charles-le-Chauve. Il s'agit d'un denier à ce monogramme, portant les traces d'un monnayage dégénéré et appartenant vraisemblablement à l'époque de Charles-le-Simple.

Voici la description de cette monnaie inédite, dont nous devons la possession à l'obligeance de M. Boilleau.

Avers : Monogramme renversé de Charles, à la manière de celui du denier à la légende GRA⁻IDIRATIREX; +GRATIAD⁻IRE+.

Revers : Croix cantonnée, au 1er et au 3e, d'un besant; + CIH◇MAHI*s*CIVITA; argent allié à une forte partie de cuivre. Poids 1^{g} 27^{c}. Pl. II, fig. 17.

Cette nouvelle monnaie permet de classer le denier GRA⁻IDIRATIREX, jusqu'ici attribué à Charles-le-Chauve, à l'un des règnes suivants, peut-être à celui de Charles-le-Gros, ou même d'Eudes, qui avait de fortes racines dans le Maine.

MONNAIES DES ÉVÊQUES DU MANS
ET DES COMTES DU MAINE.

Depuis les premiers temps de notre histoire monétaire jusqu'à la fin de la seconde race, nous avons trouvé, dans la monnaie du Maine, des indices d'un monnayage ecclésiastique, fonctionnant sans doute de l'agrément et sous le patronage du roi. Ces données, quelqu'étranges qu'elles paraissent, pour le Maine, n'ont rien d'insolite au point de vue général. En effet, l'existence de monnaies locales dans les villes dont les églises ont reçu, à diverses époques, des privilèges monétaires, est depuis quelque temps un principe acquis à la science; seulement, comme les privilèges ecclésiastiques, bien différents en cela des usurpations nombreuses, commises par les barons de la seconde race, ou du commencement de la troisième, ne vivaient qu'à la condition d'une soumission absolue aux réglements royaux, il devient extrêmement difficile de distinguer avec certitude la monnaie des privilégiés de celle du roi.

Sous les premiers Carlovingiens, le principe d'unité, qui caractérise leur politique, ne permit point l'introduction des types locaux; de là, les difficultés que présentera encore longtemps la solution de la question relative aux monnaies à l'effigie du temple et à l'exergue XPISTIANA RELIGIO, à moins qu'on ne rencontre, comme au Mans, par exemple, dans les monnaies des époques subséquentes, le même signe du temple, employé sur une monnaie nominale. Dans ce cas, il semble qu'il n'y a plus à hésiter; et il faudrait être animé d'un esprit systématique pour refuser à l'image du temple et à la légende XPISTIANA RELIGIO, la mission de marquer, à l'époque de Louis-le-Pieux, la monnaie de l'église privilégiée.

Nous avons exposé, plus haut, tous les motifs qui nous paraissent devoir faire considérer le temple comme un type mansais de la première époque; nous allons ajouter ici quelques développements, particuliers au chapitre que nous traitons maintenant.

Il y a cinq ans, nous l'avons dit, aucune des trois curieuses monnaies qui figurent sous les n°s 18, 19 et 20 de notre planche II, n'existait pour la science. Cette dernière, la seule connue jusqu'ici, provient de la succession de M. Blin de Béru. Lorsqu'elle nous a été cédée, elle était accompagnée de deux deniers erbertois, de la famille de ceux qui figurent sous les n°s 1er, 2 et 3 de notre pl. III.

Les deux autres deniers, n°s 18 et 19, ont été remis aux mains de M. Richelet, secrétaire général de l'Institut des provinces, mêlés à une dixaine de deniers chartrains de la première époque. Cette circonstance est précieuse à constater, pour établir le synchronisme de ces monnaies, surtout si nous ajoutons que ces diverses pièces sont au même degré d'usure.

Voici la description de ces trois deniers, en suivant l'ordre chronologique probable.

Avers : Croix carlovingienne, + CIN+MANIS CIVITAS.

Revers : Temple tout semblable à celui du type *christiana religio*, GRATIA D⁻I REX. —Argent presque pur.—Poids 1^{g} 38^{c}; pl. II, fig. 18.

Avers : Croix très-légèrement pattée, + ⊏IHOMAHIS ⊏IVITAS.

Revers : Croix formée de quatre temples crucifère adossés, avec un point en cœur, partageant en quatre parties la légende GRA+⊏IA+D⁻I+REX. — Les C de ces légendes affectent une forme aplatie que nous retrouvons dans les premiers deniers au type du SIGNUM DEI VIVI. La persistance de l'I, dans le mot ⊏IHOMAHIS, nous a engagé à décrire ce denier avant celui qui suit. On remarquera la lettre H très-caractérisée, substituée deux fois à l'N du même mot, et le C remplaçant le T dans GRACIA. Argent moins pur, supérieur cependant aux deniers des Erbert; poids 1^{g} 12^{c}; pl. II, fig. 19. Nous avons dû la communication de ces deux monnaies à l'obligeance de M. Richelet.

Avers : Croix boulonnée plutôt que pattée et affectée d'un mouvement giratoire, +⊏ENOMANIS ⊏IVITAS.

Revers : Croix formée de quatre temples, parfaitement semblable à celle du denier précédent, sauf qu'elle est moins épatée; du reste, partageant, comme celle-ci, la légende en quatre parties : GRA+⊏IA+D⁻I+REX. Les C des légendes continuent d'être écrasés;

mais les N ont remplacé les H dans ⊏ENOMANIS. Argent jaunâtre ; poids 1g 12c ; pl. II, fig. 20.

Cette monnaie n'est plus inédite, depuis qu'elle a été publiée, inexactement toutefois (1), par M. Duchalais, vol. 5e, page 437 de la *Revue Numismatique*. Nous sommes loin de nous en plaindre, et nous voudrions que la science pût s'enrichir ainsi de monnaies aussi curieuses que celle-ci l'était à cette époque ; dussent leurs possesseurs, moins zélés, se voir enlever la petite satisfaction que procure toujours à l'amateur la mise au jour d'un document historique inédit.

Nous ne répéterons pas ici ce que nous avons dit plus haut, touchant l'origine probable du type du temple sur la monnaie nominale du Maine. Les explications que nous avons données, à ce sujet, tout en sortant du cercle purement descriptif, adopté jusqu'ici dans l'appréciation des monnaies de cette époque, sont basées sur un enchaînement de faits trop remarquables, pour qu'elles paraissent le résultat d'une simple hypothèse.

Nous tiendrons donc pour constant que le temple de Louis-le-Pieux, d'abord avec XPISTIANA RELIGIO, puis le même temple avec GRATIA D⁻I REX, ensuite la croix formée de quatre temples adossés, coupant en quatre la même légende, et enfin la croix ordinaire entourée des mots SIGNVM DEI VIVI, sont autant d'expressions diverses d'une même idée : la consécration de la cathédrale du Mans à S. Sauveur, et par dégénérescence, sans doute, au Crucifix ; nous avons rapporté d'ailleurs des preuves authentiques de la persistance de ce dernier vocable.

Cet hommage particulier au Crucifix, venant remplacer, au IXe siècle ou au plus tard au Xe, celui plus anciennement voué à S. Sauveur, peut avoir sa raison dans l'usage introduit, au plus tôt à cette dernière époque, de représenter Jésus-Christ sur la croix ; tandis que, jusqu'alors, on s'était plu à le figurer au milieu d'un nimbe vulgairement appelé *vesica piscis*.

Du reste, ce n'est pas au Mans seulement, que cet hommage spécial au *Crucifix* peut être signalé sur les monnaies comme succédant à celui plus général du Christ. A Rouen, Richard Ier (942 à 992) frappe au type du temple, avec la légende ROTOMAGVS (2), sans doute à l'imitation du denier du Mans au type du no 18 de notre planche II, qui lui est incontestablement antérieur. Plus tard, nous voyons Richard II (996 à 1026) emprunter encore au Mans le type de la croix aux quatre temples, en le défigurant néanmoins et le réduisant à quatre frontons adossés (3), avec une croix égale en cœur.

L'intention de glorifier spécialement le Crucifix, ressort encore sur les monnaies normandes, de la double croix qui charge l'avers et le revers des deniers figurés sous les nos 1er et 4 de la planche V de la *Revue Numismatique*, année 1843, appartenant, le premier, à Guillaume Ier (927 à 942), et le second à Richard II. Dans la légende peu lisible de ce dernier, M. de Longpérier a pensé qu'il fallait voir O CRUX SANCTA.

Enfin nous trouvons des traces nombreuses de ce culte dans les monnaies des *rois de la mer*, de ces pirates norvégiens qui vinrent s'abattre sur la Neustrie au commencement du Xe siècle. M. Cartier en a publié une suite curieuse dans la pl. XXIII du 7e volume de la

(1) Nous disons inexactement, parce que les deux piliers des chapelles tiennent au fronton et à la base, tandis que le dessin de M. Duchalais admet une séparation semblable à celle des temples ordinaires.

(2) *Revue Numismatique*, 1843, pl. V, fig. 2.

(3) *Idem*, pl. V, fig. 5 et 6.

Revue Num. Ici la double croix de l'avers et du revers se trouve sur tous les exemplaires, avec des légendes destinées à glorifier la puissance de ce symbole : CRVX MIRABILIA FECIT, etc.

Les Normands s'emparèrent plusieurs fois du Maine, et il est vraisemblable qu'une partie de cette province (le Passais) fût comprise dans la cession de la Neustrie, consentie au profit de Rollon, par le traité de S.-Clair-sur-Epte.

Cette circonstance dut établir de fréquents rapports entre les Manceaux et les Normands, et l'on voit même un de ces derniers, Riolt-le-Normand, s'emparer du pouvoir, au Mans, et le conserver jusqu'à l'avènement de Louis-d'Outremer, en 937.

Peut-on conclure de tout ceci que les Normands, trouvant le type du *temple* en possession de la monnaie du Maine, se l'approprièrent et donnèrent, comme en échange, celui du *crucifix*, qui convenait d'autant mieux aux Manceaux, qu'ils y trouvaient un nouveau point de vue du patronage de S. Sauveur et un mode de figuration plus en harmonie avec les idées de l'époque? Si l'on adoptait ces données, l'histoire générale y puiserait la date précise de l'origine du vocable du Crucifix, ignorée jusqu'ici.

Depuis le commencement de la seconde race, nous avons toujours trouvé, dans les monnaies du Maine, l'indice de l'intervention royale. La légende GRATIA D^{-}I REX de nos trois deniers semblerait, en effet, prouver que si les évêques du Mans usaient ostensiblement du droit monétaire sous Charles-le-Simple et ses successeurs, ils étaient tenus cependant de conserver un fragment du type royal, comme pour rappeler l'origine de leur privilège.

Cette circonstance s'accorderait assez bien avec la position des évêques Gontier (890-908), Hubert (908-940) et Maynard (940-960), que l'histoire nous représente comme étant restés soumis à l'autorité royale, nonobstant son abaissement. La sanction donnée par Lothaire à l'élection de l'évêque Maynard, est, du reste, le dernier acte d'intervention royale, qu'on puisse citer.

Avec Sigefroy, (960-993) commence une lutte assez longue entre l'épiscopat, habitué à se considérer comme autorité suprême de la cité, et les premiers comtes du Maine investis par Hugues Capet d'un pouvoir héréditaire. Ce prélat soutint ses droits les armes à la main ; et après lui, Avesgaud, son neveu et son successeur, continua de lutter contre Erbert Ier, dit Eveille-Chien, avec un courage et une persistance qui semblaient devoir éterniser une guerre désastreuse pour les deux partis. Toutefois, la reddition de la ville de la Ferté-Bernard, où le prélat s'était réfugié, et l'intervention de l'évêque Fulbert amenèrent une pacification qui termina tous les différents.

Depuis cette époque, on ne voit plus les évêques du Mans revendiquer des droits que le temps et la force des choses avaient virtuellement abrogés.

C'est au moment de la transaction qui eut lieu entre l'épiscopat et Erbert Ier, vers 1030, que nous inclinerions à placer l'émission des premiers deniers au monogramme de ce comte, avec la légende + COMES CENOMANNIS, et portant au revers la croix entourée de l'exergue caractéristique + SIGNVM DEI VIVI.

Les circonstances que nous venons d'indiquer, confirment merveilleusement l'accord qui dut intervenir entre le prélat et le comte, pour donner naissance à une monnaie mixte de cette nature, baronale ou féodale d'un côté, épiscopale ou ecclésiastique de l'autre.

Cet accord n'a rien, d'ailleurs, d'insolite ; et la numismatique des barons de France fourmille d'exemples du partage des droits monétaires entre les deux autorités rivales.

Voici ce que dit, à cet égard, le savant Lelewel :

« En France elle-même, le contact des » privilèges ou du droit exprimé par les di- » plômes, avec le droit acquis pour l'héritage » de l'ancien office des comtes, fit naître » des rixes perpétuelles. Les privilégiés se » croyaient maîtres de la monnaie locale, par » suite de donations; les comtes usurpateurs, » par suite de leur office; les uns et les autres » respectaient leurs prétentions réciproques...

» On s'arrangeait, et puis on observait les » conditions convenues. L'évêque du Puy, » par un accord avec le comte, en 1173, a eu » la moitié de la monnaie. L'évêque d'Agen » s'arrangea de même avec son comte; l'évê- » que de Cahors, avec la ville et son consul » ou comte de la ville. On ne distingue point » la monnaie des comtes de celle des évêques » d'Auxerre. L'archevêque de Bordeaux pos- » sédait le tiers de la monnaie des ducs d'A- » quitaine. L'évêque d'Alby le tiers de la mon- » naie de Châteauneuf, de Bonafos, du comte » de Toulouse. L'abbé S. Bénigne, à Dijon, » disposait de la monnaie des ducs de Bour- » gogne. On connaît les arrangements de l'ar- » chevêque de Narbonne avec le vicomte, du » prieur de Souvigny avec le sire de Bour- » bon...... Là, c'était le prélat autorisé » à avoir sa propre monnaie, et il la fabri- » quait à son propre type; autre part, c'était » le comte qui exerçait la fabrication; mais il » était obligé de conserver les *signes* des évê- » ques qui participaient à la possession du » monnayage. »

La monnaie du Maine rentre donc dans la situation normale de la plupart des monnayages provinciaux, en devenant mixte entre le comte et l'évêque, dont les *signes* sont scrupuleusement conservés à l'avers.

Combien de temps dura ce bon accord? C'est ce qu'il nous a été absolument impossible de découvrir; mais l'absence, dans les cartulaires de l'église du Mans, de toute espèce de chartes relatives au monnayage, donne à penser qu'il n'a jamais dû être rompu; et en effet, pendant l'espace de plus de deux siècles, la monnaie mansaise ne subit aucune altération sensible dans le type, dans le poids, ni dans l'aloi. Forgée dès l'origine dans d'excellentes conditions, elle fut promptement adoptée par les populations; et dans le commencement du XIIIe siècle elle avait acquis une telle popularité, qu'elle inondait, c'est le mot propre, non seulement le Maine, mais la Normandie, la Bretagne et même le Poitou. Le trésor de Mareuil (Vendée), découvert en juin 1844, en contenait une masse très-considérable (1).

J. Lelewel a fixé à l'année 1051 l'origine de la monnaie du Mans. Ce savant ignorait, à l'époque de la publication de son excellent traité de numismatique du moyen-âge, l'existence des monnaies au temple, certainement antérieures au XIe siècle.

Cependant un document précieux devait, même en l'absence des monuments, faire présumer l'existence d'une monnaie locale, soit comtale, soit ecclésiastique, antérieure à 1051. Dès le Xe siècle, la monnaie mansaise avait cours dans la province et dans les pays environnants. *Les habitants de Guibrai, Versainville, d'Amblainville et d'Eraines délivrèrent leur seigneur des mains des Normands, vers la fin de ce siècle, moyennant* 200 *livres mansaises.* (Galleron, *Histoire de Falaise*, page 128).

Il est très-vraisemblable qu'il s'agit là

(1) Ce trésor, qui comprenait plus de 15,000 monnaies, paraît avoir été enfoui au commencement du XIIIe siècle; il contenait environ 1200 deniers *Erbertois. Revue Num.*, 1844, p. 374.

d'une rançon composée de deniers aux quatre temples.

On ne peut donc guères refuser aux premières monnaies empreintes du monogramme d'Erbert, la date de 1015 à 1030. Nous avons dit les motifs qui nous faisaient incliner à préférer cette dernière.

Jusqu'ici les deniers à ce type sont restés confondus, au point de vue chronologique, dans une espèce de réprobation injuste, selon nous, et dont nous avons à cœur de les affranchir. La presque similitude des types a fait penser à de très-bons esprits qu'il suffisait d'en connaître un seul, pour avoir une idée complète de toute la série. Telle n'avait pas été l'opinion de Duby; mais trahi, dans ses désirs, par un mode de reproduction systématique, il a échoué complètement à faire apprécier les différences qu'il voulait signaler. Nous espérons être plus heureux avec notre système de reproduction en relief, et pouvoir, à l'aide de la loi du type, appuyée des circonstances de l'enfouissement, établir un ordre chronologique convenablement motivé.

Les plus anciens deniers sont très-caractérisés. L'M du mot CENOMANNIS affecte la forme onciale ᗰ de pareille lettre dans les deniers des évêques de Rheims, au mot REᗰIS; ce signe est certain pour nous. Nous avons été à même d'examiner une masse homogène de monnaie mansaise de la première époque, qui contient cinquante-trois deniers trouvés avant 1833 et déposés en bloc au musée du Mans, où ils étaient restés à l'abri de toute atteinte. Les dix deniers à l'M oncial, qui en faisaient partie, accusaient, par leur usure, une émission évidemment antérieure à celle des trois autres types.

Voici l'ordre chronologique très-probable des quatre séries qui composaient cet enfouissement :

Ire SÉRIE. — *Avers* : monogramme d'Erbert, + ⊂OMES ⊂ENOᗰANNI. — *Revers* : croix cantonnée au 1er et au 2e de deux perles ou besants, au 3e et au 4e de l'A et de l'Ω appendus aux branches horizontales. — Poids moyen 1^g^ 34^c^.

Avers : même monogramme, + ⊂OMES ⊂ENOᗰANIS. — Même revers. — Poids moyen 1^g^ 30^c^; pl. III, fig. 1 et 2.

Avers : même monogramme, + ⊂OMES ⊂ENOᗰANNIS. — Même revers. — Poids 1^g^ 25^c^.

Ces deniers, qui sont généralement assez rares et très-usés, font partie de notre suite.

Les n°s 1 et 2 donnent les échantillons les mieux conservés que nous ayons pu rencontrer; les lettres en sont grêles, espacées et fort correctes.

D'après les données qui précèdent, il serait difficile de refuser ces deniers à l'évêque Avesgaud et au comte Erbert Ier.

IIe SÉRIE. — *Avers* : monogramme d'Erbert, + ⊂OMES ⊂ENOMANIS. — Même revers. — Poids moyen 1^g^ 26^c^.

— Même monogramme, + ⊂OMES ⊂ENOMANI. — Même revers. — Poids moyen 1^g^ 23^c^; fig. 3, pl. III.

— Même monogramme, + ⊂OMES ⊂ENOMANNI. — Même revers. — Poids moyen 1^g^ 30^c^; pl. III, fig. 4.

Ces deniers sont de la même famille que les précédents, seulement l'M n'est plus oncial et les caractères présentent déjà un léger abâtardissement. On pourrait, si l'on voulait leur assigner une époque précise d'émission, les donner à l'évêque Gervais et à Erbert II.

Cette série est assez rare.

IIIe SÉRIE. — *Avers* : monogramme d'Erbert, + ⊂OMES ⊂ENOMANNIS. — Même revers. — Poids moyen 1^g^ 30^c^; fig. 6 pl. III.

— Même monogramme, + ⊂OMES ⊂ENOMANIS. — Même revers. — Poids moyen 1^g^ 28^c^.

—Même monogramme,+ COMES CENOMANNI. — Même revers. — Poids moyen 1g 32c.

Les lettres conservent une forme très-voisine de celles de deux précédentes séries : ainsi les C sont allongés horizontalement, à la manière des mêmes lettres dans les deniers aux quatre temples. Le mot CENOMANNIS éprouve également trois modifications, et les sigles A et Ω du revers sont très-nets et très-caractérisés ; seulement le flaon est moins large et plus épais.

Evidemment ces trois séries de deniers, ou procèdent d'une même autorité, ou ont été frappées à des époques rapprochées ; mais aussi, et nous insistons sur ce point, elles ont été émises à trois reprises différentes. Nous employons, à dessein, le mot *série*, parce qu'il nous paraît convenable pour rendre l'idée que nous nous sommes formée du monnayage mansais à presque toutes le époques. Ainsi, dans le dépôt du musée du Mans, les deniers à l'M oncial, au nombre de neuf, étaient tous également usés ; ceux que nous donnons ensuite, au nombre de dix, l'étaient un peu moins, et enfin la dernière série, présentant douze deniers, était à fleur de coin.

Si nous ajoutons que, dans chaque groupe, les deniers offraient des différences très-appréciables, on sera conduit à conclure, avec presque certitude, qu'à chaque émission de monnaie un nombre considérable de coins étaient gravés, soit par le même artiste, soit sous l'influence d'une même direction, pour servir simultanément à la fabrication (1). On explique ainsi parfaitement cette grande variété de coins, tant de fois signalée par les numismatistes, en observant qu'on peut aisément compter, dans la monnaie du Maine, cinquante ou soixante séries distinctes, dont chacune se subdivise en vingt ou trente variétés, résultant de la gravure simultanée d'autant de coins différents. On arrive ainsi au chiffre énorme de 1500 à 1800 variétés, qui paraît suffisant pour satisfaire à la question, souvent agitée, de savoir par quel artifice de fabrication, les deniers du Mans présentent, presque tous, quelques différences plus ou moins caractéristiques. Cette solution semble surtout satisfaisante, si l'on veut bien admettre que dans le conflit inséparable d'une manutention aussi considérable, l'avers et le revers, primitivement destinés au même denier par le graveur du coin, ont pu se séparer l'un de l'autre, et donner ainsi naissance à de nouvelles variétés. Nous offrirons, plus loin, des exemples de cette perturbation.

La 4e et dernière série que présente le bloc de monnaies du musée du Mans, diffère, en tous points, des trois précédentes. Onze deniers la composent ; leur type barbare se révèle tout d'abord par l'examen du spécimen que nous donnons sous le n° 6 de notre pl. III. En voici la description :

Avers : monogramme d'Erbert extrêmement défectueux, + CONES CENOMANNIS. Même revers qu'aux précédentes séries. — Poids moyen 1g 26c.

Avers : même monogramme, + CONES CENOMANIS. — Même revers. — Poids moyen 1g 27c.

(1) Du temps d'Erbert II, on voit à la tête de la monnaie, Warnerius ou Garnier, qualifié de *Monetarius* dans un acte en faveur de l'abbaye de S.-Vincent, daté du 17 des Calendes de décembre, sous l'épiscopat de Vulgrin et le règne de Henri, c'est-à-dire entre les années 1055 et 1060. (Cart. de S.-Vincent). — Le cartulaire du chapitre de l'église du Mans, dit *Livre Blanc du Chapitre*, pages 57-XXXVII, a également conservé le nom d'un monétaire du temps de l'évêque Hildebert, 1097-1125... *quod viderunt et audierunt*... *Rogerius monetarius et tres filii ejus*. Il s'agissait d'un différent survenu entre le chapitre et plusieurs orfèvres.

Avers : même monogramme, + CONES CEMANI. — Même revers. — Poids moyen 1g 30c.

Ces monnaies, excessivement grossières, étaient, ainsi que les précédentes, à fleur de coin ; et comme l'aloi en est excellent et le poids identique à celui des trois premières séries, on ne peut les attribuer à la contrefaçon. Seraient-elles d'un des compétiteurs de Hugues II (1062-1095), du temps des évêques Vulgrin ou Arnault ?

Ces quatre séries pouvaient, en effet, d'après toutes les inductions tirées de leur type, embrasser une période de quarante ans ; car il n'est guères possible de conclure un espace de temps plus considérable, de l'usure des deux premières séries, lorsqu'on sait qu'au commencement du XIe siècle le numéraire était fort rare, et que, par conséquent, les mêmes monnaies devaient avoir un cours plus fréquent.

L'examen de nombreux enfouissements d'époques plus récentes nous a permis de continuer l'ordre chronologique de nos monnaies.

La série qui paraît suivre la précédente est celle-ci :

Avers : monogramme d'Erbert, très-visible ; le T a la forme du tau 7. + COMES CEMANNIS. — Même revers ; l'alpha, néanmoins, cantonne plus franchement les branches de la croix, en ce sens que ses jambages leur sont parallèles.

En général, les A et les V des légendes sont formés de deux traits brisés, et non réunis au sommet de l'angle. Cette série est encore reconnaissable par le redoublement général de la lettre N, dans le mot CENOMANNIS ; elle est, du reste, très-considérable, et peut se subdiviser en un grand nombre de séries secondaires. — Elle donne pour poids moyen 1g 225m. Il y a, dès-lors, dégénérescence très-sensible, car la moyenne des quatre précédentes est 1g 28c.

D'après toutes nos observations, ce groupe doit appartenir à l'époque d'Hélie de la Flèche (1095-1119) et à l'épiscopat d'Hildebert (1097-1125).

Jusqu'ici, nous n'avons pas aperçu de lettres doubles dans les légendes. Les différences que présentent les lettres A et V, le G de *signum*, plus ou moins *langueté*, la répétion de l'N et l'omission de l'S dans CENOMANNIS, paraissent avoir suffi pour distinguer les diverses émissions. A partir de la précédente série, les différents monétaires commencent à se caractériser d'une manière sensible. Le plus général et celui qui se retrouve sur tous les deniers, sans exception, jusqu'à l'abandon du type, c'est-à-dire jusqu'à S. Louis, consiste dans l'union des lettres M E du mot COMES. Celui qui se produit ensuite le plus fréquemment réside dans l'emploi de points chargeant le délié des N de l'avers et du revers, et quelquefois, mais rarement, cantonnant les croix des légendes. Une assez nombreuse série place l'oméga à gauche ; l'alpha à droite, et altère plus ou moins le mot CENOMANNIS, en y insérant l'A minuscule. Une autre renverse la légende de l'avers, en respectant celle du revers ; puis on rencontre, dans quelques deniers, l'Є lunaire. Enfin sous S. Louis, les caractères se rangent dans un ordre remarquable, qui paraît avoir suffi pour différencier les émissions de cette époque, et la dernière série est probablement celle qui a donné le denier que nous représentons sous le n° 2 de notre pl. IV ; son aspect général et sa facture sont parfaitement identiques à ceux du double angevin de Charles Ier, comte d'Anjou, roi de Sicile.

Tous ces caractères variés de la monnaie du Mans ne sont point dus au hasard, comme l'examen rapide de nos deniers à pu le faire croire ; chaque série, nous n'entendons pas dire chaque variété, a dû être caractérisée par un signe quelconque propre à en faire distinguer, à la première vue, le poids et l'aloi. Or, les graveurs des coins avaient peut-être encore sous les yeux les nombreux différents, à peu près semblables, qu'on rencontre sur les deniers de Charles-le-Chauve, notamment le CNI✠MAINS et un autre denier du même, que nous avons possédé, marqué du mot CN✠MANS : de là l'origine probable des formes CNEOMANIS, CNEOMANS, etc., qu'on rencontre dans plusieurs de nos séries. La monnaie du Mans, l'une des plus répandues au XIIe siècle ou au commencement du XIIIe, ne changeant jamais son type, devait naturellement s'ingénier à se créer des différents qui ne nuisissent pas à sa popularité. La légende féodale seule les recéla tous ; l'exergue religieux resta inviolable. Il est *sans exemple*, en effet, que les mots SIGNVM DEI VIVI aient été le moins du monde altérés dans leur orthographe.

Nous allons décrire quelques deniers choisis dans cette multitude de types variés, sans toutefois donner, comme incontestable, leur classement chronologique.

La série la plus ancienne, qui se présente avec l'union de l'M et de l'E de COMES, paraît être celle qui fournit les curieux deniers à l'Є lunaire, dont deux types sont figurés sous les n°s 8 et 9 de notre pl. III. La forme des lettres, du V notamment, se rapproche de celle de la série précédente, et de plus, l'alpha cantonne la croix de la même manière. Le monogramme est complet, mais l'R d'Erbertus est formé du jambage horizontal de l'E majuscule.

Ces deux deniers offrent des avers différents : les E sont lunaires dans le premier et romains dans le second, tandis que le revers est le même pour tous deux, et présente l'emploi général de l'Є lunaire.—Poids moyen 1g 19c.

Cette série, dont nous possédons plusieurs spécimens dus à l'obligeance de M. Poeydavant, est fort rare ; sa fabrique est belle et soignée.

Immédiatement après celle-ci, nous plaçons la variété remarquable par l'abondance des points ; elle fournit les n°s 10 et 11.

Ces deux deniers offrent la circonstance d'un même avers employé dans deux émissions différentes, avec deux revers variés. Un œil exercé reconnaîtra facilement que les deux empreintes qui portent les monogrammes sont sortis du même coin, seulement deux points secrets cantonnent horizontalement la croix de la légende dans le denier n° 10, et verticalement dans le n° 11. Comme on peut le remarquer, ces revers appartiennent à deux époques de gravure différentes : celui du n° 10 est évidemment plus ancien ; il pèse 0g 92c ; le poids de l'autre est de 1g 20c. — Cab. Poeydavant.

A la même famille paraît appartenir le denier figuré sous le n° 12. Les N de CENOMANIS sont chargés de points secrets, en saillie, qui paraissent ajoutés après coup, pour caractériser, sans doute, une seconde émission ; et la croix de la légende du revers est elle-même cantonnée de quatre points. Pour la première fois, nous trouvons l'apha et l'oméga transposés ; cette circonstance est très-commune par la suite. — Ce denier nous appartient ; il pèse 1g 25c.

Cette série, peu considérable, se place à l'époque de Foulques V, dit le Jeune (1110-1129).

Viennent ensuite les nombreuses familles au monogramme dégénéré ; deux de leurs types sont figurés sous les n°s 13 et 14 de la pl. III. Elles innovent aux légendes des précédentes séries, en introduisant dans le coin la forme CENOMᴀNS avec l'A minuscule ou lié aux lettres M N qui le précèdent et le suivent.— Poids moyen 1g 20c.

Nous donnerions volontiers ces séries, d'après l'inspection du type, à l'époque de Geoffroy-le-Bel (1129-1153); mais l'examen de nombreux dépôts nous engage à attribuer aux longs règnes de Henri II (1151-1189) et de son successeur Richard, rois d'Angleterre et comtes du Maine, les monnaies aux formes si variées CNEONᴀNIS, CNEONᴀNNS, CNEONᴀNS, etc., avec l'ᴀ minuscule, ou lié aux lettres qui le précèdent ou le suivent. Les Nos 15, 16, 17 et 18, en fournissent des exemples. — Poids moyen 1g 20c.

Cette nombreuse et curieuse série produit les légendes rétrogrades que nous donnons sous les nos 19 et 20, et dont voici la description :

Avers : monogramme d'Erbert dégénéré, +ꓭNANONƎϽЯƎMOϽ.

Revers : croix ordinaire; l'alpha continue d'être à droite et l'oméga à gauche, + SIGNVM DEI VIVI. Ce revers est identique à celui du no 15. Tous les deniers à légendes rétrogrades présentent la même orthographe : CENONANS. — Poids moyen 1g 20c.

Les deniers aux initiales CN étaient en majorité dans le trésor décrit par M. Lecointre-Dupont (*Rev. Num.*, 1842, page 125). Ils paraissaient d'ailleurs avoir peu circulé, comparativement aux autres types, et se trouvaient en contact avec une certaine quantité de sterlings de Henry II et de nombreux deniers au monogramme de Foulques. Nous démontrerons, plus tard, que ces dernières monnaies n'avaient plus cours, dès l'année 1218. Il est donc certain que l'émission des deniers mansais, aux initiales CN, est antérieure à cette dernière époque.

Il reste à parler de quatre types fort curieux, dont deux présentent la physionomie particulière des monnaies de l'époque de S. Louis; le troisième consiste en une pièce où l'on voit le monogramme d'Erbert renversé, et le quatrième, en un magnifique piéfort d'un denier de la dernière époque, échantillon peu connu et sans doute unique.

Le denier au monogramme renversé, figuré sous le no 21, pl. III, est fort beau; la forme du V et du G lui assigne une époque d'émission voisine du règne de S. Louis. Il provient du trésor de Mareuil (1844), et semble fort rare, puisqu'il n'avait pas encore été rencontré. Nous le devons à l'obligeance de M. Poeydavant. On remarquera l'absence de l'S dans CENOMANNI, circonstance rare à cette époque. — Poids 1g 24c.

Le piéfort dont les empreintes sont figurées sous le no 22, paraît devoir être classé dans les vingt premières années du XIIIe siècle, par l'épigraphie du revers, qui ne ressemble nullement à celle de l'avers. Le coin de ce dernier, eu égard surtout à l'état complet du monogramme, semblerait, au contraire, appartenir à la facture du XIIe siècle.

Dans tous les cas, le beau spécimen dont l'heureux possesseur, M. de Clermont, a bien voulu nous transmettre un excellent cliché, est sans doute unique dans la numismatique provinciale de cette époque. Il est d'argent pur, et pèse 5g 95c.

Les deux deniers que nous classons, avec presque certitude, à l'époque de S. Louis, sont figurés sous les nos 1 et 2 de la pl. IV. Leur poids respectif est de 1g 07c et de 0g 98c. Ils sont remarquables par la beauté de l'aspect général du coin et la forme grasse et perfectionnée des lettres. Tous deux constatent un retour à la forme régulière CENOMANNIS. Le monogramme simplifié, quant aux lettres B et R, est le même dans les deux deniers. Le no 2 paraît le plus récent, et appartient incontestablement à la même époque que le *double angevin de Charles, fils du roi de France*, dont nous parlerons plus bas; c'est-à-dire au plus tôt à l'année 1246. Ces deux deniers, qui nous appartiennent, sont assez rares.

Ainsi se trouve terminée, après une succession non interrompue d'émissions, cette série des monnaies des évêques et des comtes du Mans, qui embrasse un espace de plus de deux siècles. Peu de monnaieries ont été plus actives que la leur, pendant toute la durée du XIIe siècle, époque où ses produits ont atteint leur maximum de popularité, grâce au crédit et à la puissance des Plantagenets, aussi bien qu'à la supériorité et à la fixité du titre de nos monnaies (1).

C'est ici le lieu de dire un mot sur le poids, l'aloi et la valeur de ces deniers.

L'ordonnance sur les monnaies des prélats et barons, de 1315, est le plus ancien document officiel qui fixe d'une manière précise ces divers éléments.

M. Cartier, dans sa notice sur *les Monnaies du Maine*, page 46 de la *Revue Num.*, a rectifié le passage de cette ordonnance, publié, d'une manière incorrecte, par Thevet, Choppin, Ducange et Duby, et a démontré qu'il devait être lu de la manière suivante :

« Les mansais doivent être de 6 deniers ar- » gent-le-roy, et de 16 sols de poids au marc » de Paris, et vaudront 13 deniers mansais » 2 sols de petits tournois. »

Ce savant a prouvé, d'ailleurs, que le titre de 6 den. arg.-le-roy, c'est-à-dire de 11 d. 24 g., équivalait au titre actuel de 0,750, ce qui donne, pour la valeur intrinsèque du denier mansais, le chiffre de 13 c. 627 m., d'après les prescriptions légales.

Nous avons vu qu'à la fin du XII[e] siècle et pendant la première moitié du XIII[e], le poids moyen de ces deniers, vérifié sur de nombreux échantillons à fleur de coin, était de 1[g] 20[c]. La pesée des coronats dont nous allons bientôt parler, et auxquels s'appliquent plus particulièrement les termes de l'ordonnance de 1315, nous donnent 1[g] 10[c] au plus, en opérant sur vingt exemplaires choisis.

Malgré cet abaissement de poids, toute masse non triée de monnaie mansaise se trouvera néanmoins à peu près dans les conditions de l'ordonnance, parce que les deniers du XI[e] siècle et du XII[e], qui existent, en certain nombre, dans tous les dépôts, compenseront, par l'excès de leur poids sur celui légal (24 grains, ou en langage décimal 1[g] 27[c]), le déficit que présenteront ceux des époques plus récentes.

Le rapport des mansais aux tournois et aux angevins qui leur sont accolés dans tous les enfouissements, était un fait assez important à établir : aussi plusieurs actes officiels l'ont successivement déterminé.

Une ordonnance de Henry II, roi d'Angleterre, citée par Le Blanc, page 163, pièces justificatives, n° 4, fait connaître qu'en 1158 la monnaie mansaise était déjà, avec celle de S. Martin de Tours, dans le rapport de 2 à 1, le même, à peu de chose près, que celui fixé par l'ordonnance de 1315, de 24 à 13. Il est même remarquable que ce dernier rapport n'a jamais été consacré par l'usage, et les nombreux exemples de conversion de mansais en tournois, consignés dans les cartulaires des églises et abbayes du Mans, nous ont convaincu que pendant la seconde moitié du XIIIe siècle, où ces exemples sont le plus fréquents,

(1) La popularité de nos deniers paraît avoir engagé quelques barons à imiter, sur leurs monnaies, le monogramme d'Erbert, témoins Hervé III et Hervé IV, seigneurs de Donzy, qui leur ont emprunté, non-seulement le monogramme, mais encore la croix du revers, avec ses cantons, et jusqu'au mot VIVI Mais un exemple bien autrement frappant d'imitation est fourni par une curieuse monnaie de Rennes, qui présente la légende complète SIGNVM DEI VIVI au revers du monogramme d'Erbert, entouré de l'exergue REDONIS CIVITAS.

le rapport légal de 24 à 13 est complètement inusité, et que le seul employé est celui de 2 à 1, fixé par l'ordonnance de Henri II.

Trois passages de ces cartulaires, ci-après cités, donnent la forme suivant laquelle ce rapport s'établissait dans les contrats.

Le premier est extrait du Livre Blanc du chapitre de l'église de S.-Julien, p. 82, nouvelle pagination, et LXIII, selon l'ancienne; « ... Et exindè dicto capitulo, singulis annis, » *vigenti quinque solidos Cenom'*... de quibus denariis magister Johes assignavit » dicto capitulo medietatem pro pane qui » consuevit dari et distribui canonicis Cenom'... de quibus *vigenti quinque solidos* » *Turon'* pro pane assignatis se tenuit dictum capitulum pro pagato. Mense julii » MCCLVI. »

Le second exemple est emprunté au même cartulaire, page 95 r°, ou LXXVI r°.

« Hic sunt *LX sol' Turon' annui* quos » debet solvere Gilotus Gaugaing ad festum » Sancti Remigii, pro defuncto Juliano de » Corulo. »

« Sachent tous présents et à venir que, en » notre présence, en droit établie, Gilot Gaugaing et Macée sa femme, de la paroisse » de Parigné-l'Evêque, requérirent et confessèrent que, ils, d'un commun assentiment, » avaient vendu... à honorables hommes... » *trente sols de mansais* de annuelle et perpétuelle rente à prendre et à percevoir des » dits... et fut faite cette dite vendition pour » trente et deux livres de tournois desquels... » Ce fut fait et donné au jour de joëdi » après la S.-Martin d'hiver, en l'an de grâce » M CC LXXXIV. »

Le passage suivant donne le rapport, non-seulement du tournois, mais encore du parisis, à la même époque, par la supputation et l'addition des diverses stipulations qu'il contient, et démontre que ces deux monnaies étaient égales entre elles, dans le Maine, et équivalentes à un demi-mansais.

Il est extrait de la page 127 v° ou CVIII du même cartulaire :

« Noveritis quod in jure coram nobis constituti Herbertus dictus prepositus et... recognoverunt se vendidisse et venditionis » nomine concessisse... venerabilibus viris... » novem solidos Cenom' et duos denarios » Cenom' annui et perpetui redditûs quos » novem solidos et duos denarios Cenom' » Juliotus dictus Galebrun, Gilotus Herbelin, » Johannes de Sancto Remigio, Le Borgnis » ejusdem Johannis mater, Martinus dictus Coustard, Johannes Lepêle et Johannes » de Villâ, eisdem Herberto et ejus uxori, » singulis annis in festo Beati Martini hyemalis reddere tenebantur, videlicet dictus

	Sol. Cenom.	d. c.
» Guillotus quinque solidos » Turon'.	2	6
» Dictus Gilotus vigenti denarios » Cenom'.	1	8
» Johannes de Sco Remigio, duocim den. Cenom'. . . .	1	»
» Dicta Leborgnis tres solidos » Cenom' et novem denarios » Cenom'.	3	9
» Et dictus Johannes Lepêle » unum denarium Cenom'. .	»	1
» Johannes de Villâ, unum denarium Cenom'.	»	1
» Et Martinus dictus Coustard » duos Parisienses annui redditûs super vineis. . . .	»	1
» Total égal. . .	9S. Cen.	2 d.

» Anno MCCLXXXIV. »

Le rapport du mansais à l'angevin est absolument le même; celui-ci formait, comme le tournois, l'obole ou le demi du premier; et c'est dans ce sens, qu'il faut vraisemblablement entendre l'expression suivante, tirée d'une charte du Livre Blanc du Chapitre, page 127 : *Vigenti denarios et obolum censuales.*

L'ancienne monnaie angevine cessa d'avoir cours dans le Maine, au commencement du XIIIe siècle; mais à l'avènement de Charles, frère de S. Louis, qui fit battre de bons deniers, cette monnaie reprit faveur, et on en retrouve alors des stipulations dans les chartes.

Nous allons citer des documents dont le double mérite est de limiter l'époque du décri des angevins, à l'intervalle compris entre les années 1199 et 1210.

Porteclie, seigneur de Mausiac et de Marand, s'était reconnu débiteur, en 1199, envers l'abbaye de Fontevrault, d'une rente annuelle de cent livres angevines.

Par une charte de 1218, cette rente est convertie en celle de 80 livres tournois. Voici les termes de cette curieuse convention :

« Porteclie Dnus Mausiaci et Maraandi » universis presentes litteras inspecturis in » Domino salutem. Universitati terræ notum » facio quod ego debebam ex dono carissimi » mei Wllmi de Mausiaco et concessione meâ » abbatissæ et conventui Fontis Ebr. centum » libras redditûs Andegav' monetæ annuatim persolvendas; predictæ vero moniales » petebant à me centum libras Turon' : coram Sce Radeg et Sci Hilarii de cellâ prioribus judicibus à domino papâ super hoc » delegatis, eo videlicet *quod Turoni currebant apud Andegav et non Andegaven', qui ut dicebant moniales erant reproba moneta*, hæc autem controversia » sopita est in hunc modum et ad pacem reducta. — Ego enim de cetero *solvam vel hæres meus annuatim dictis monialibus octoginta libras Turon'*, quas percipient » de redditu rivagii et pedagii mei de Marando de primis denariis ibi provenientibus...

» ... Si vero contigerit quod Andegav' » currant apud Andeg sive veteres sive novi, » tunc ego persolvam vel hæres meus persolvet præfatis monialibus centum libras Andeg currentium annuatim absque omni contradictione.

» Actum anno Gratiæ M° CC° octavo decimo. »

Le *vidimus* de cette charte n'est pas moins curieux; il étend le décri des angevins à la ville et au diocèse d'Angers.

« Nolebat (Porteclie) eisdem reddere nisi » Andegavos, prædictis monialibus ab eo petentibus centum libras Turon' cum videlicet » Turoni currerent apud Andegav' et Andegavi non currerent *in eâdem civitate vel eâdem diocesi* et esset moneta reproba » moneta Andegavorum, etc., etc. »

Les deux chartes et le *vidimus* sont déposés aux archives de la préfecture de la Sarthe, où l'obligeance de M. l'archiviste Bilard nous a mis à même de les examiner.

Nous pouvons encore préciser davantage le décri des angevins dans le Maine, car, d'après la charte dont nous donnons ci-après un extrait, ces monnaies y auraient eu cours vers 1212.

« Præterea Dionisia et Robertus filius ejus » quittaverunt abbatiæ (de Culturâ) *tres denarios Cenoman* quos ipse Robertus et » Albericus Doliator habebant communes in » vinea conventûs. Ita quod dictus Robertus » assignavit Alberico *tres denarios Andeg'* » pro excambio, in cessû vinearum...

» ... Actum M CC XII. » (Cartulaire de l'abbaye de S.-Vincent, page 39).

Ce rapport de 1 à 2, indiqué par ce document, entre l'angevin et le mansais, est assez fréquemment employé dans les chartes; on en trouve un nouvel exemple dans les titres de fondation par le roi Henri II, de deux chapellenies affectées au service de l'autel du

Crucifix. On sait que cet autel était placé dans l'église cathédrale du Mans, devant le tombeau de son père Geoffroy-le-Bel.

Dans l'un de ces titres, le roi donne vingt livres mansaises; *vigenti libras Cenom'*; dans l'autre, il assure quarante livres angevines, « *quadragenta libras Andegav'* » *duobus capellanis constitutis ad ser-* » *viendum in perpetuum ad altare Cru-* » *cifixi in ecclesiâ B. Juliani Cenom'.* » Livre-Blanc du chapitre de l'église du Mans, page 22; ou II, ancienne pagination, et mss. de la Bibliothèque royale, 5211. — B., pages 2 et 3.

Ce même rapport subsiste encore à l'époque de l'émission des *nouveaux* angevins, sous Charles Ier, frère de S. Louis.

Une charte, dont l'original est possédé par M. de Clermont-Gallerande, en fournit la preuve.

Herimmiarde, femme de Geoffroy-l'Orléanais, et Biléote, mère de Herimmiarde, quittent le monde et prennent l'habit religieux. Thomas, fils de Biléote et frère de Herimmiarde, assure à sa mère et à sa sœur, conjointement, une rente viagère de *vingt-cinq sols mansais*, et à cette dernière, en cas de prédécès de sa mère, une pension viagère de *vingt-cinq sols angevins*. Cet accord est attesté par Guillaume Rolland, qui fut évêque du Mans, de 1256 à 1260.

« Prædictus quoque Thomas matri suæ » quamdiù vivet singulis annis concessit se » daturum XXV *solidos Cenom'*, in festo om- » nium sanctorum medietatem, in festo Pas- » che illius pecuniæ reliquam medietatem: » concessit etiam quod si mater sua priùs » sorore suâ decederet, eidem sorori suæ » se daturum, totâ vitâ ejusdem sororis » suæ, singulis annis, XXV *solidos Ande-* » *gav'*, etc. »

Ainsi, le rapport de 2 à 1 reste constant pendant plus d'un siècle; et l'on doit penser d'après la fixité de la monnaie du Maine, que, dès l'origine, il dut être tel.

Il nous reste à dire un mot des formules de stipulations usitées dans cette province, aux diverses époques de son histoire.

Nous avons cité l'exemple d'une stipulation en monnaie mansaise, à la fin du Xe siècle. Pendant la première moitié du suivant, la forme... *solidos Cenom'* ou *solidos monetæ Cenom'*, se trouve souvent dans les chartes; mais depuis 1050 environ jusqu'à 1100, on rencontre plus fréquemment celle-ci: *solidos denariorum*, comme dans le passage suivant, extrait du Livre-Blanc du chapitre, page 56 r°: «. .*accipiens ob hoc, à prædicto* » *episcopo Vulgrino, trecentos solidos de-* » *nariorum* » (Vulgrin était évêque du Mans de 1055 à 1062). Il n'est donc pas douteux qu'il s'agisse, dans cette phrase, de deniers mansais.

Pendant toute la durée du XIIe siècle et jusqu'au milieu du XIIIe, les stipulations caractérisent explicitement la monnaie qui forme le prix de la convention. Les formules *solidos* ou *libras monetæ Cenom'* sont presque exclusivement usitées dans la province. Les stipulations en angevins et en tournois y sont rares; mais, à partir de 1240, ces derniers se rencontrent assez souvent, et en 1250 leur usage est, en quelque sorte, général, au détriment des conventions en mansais, qui disparaissent presque complètement pendant la période de 1250 à 1258, pour reparaître accidentellement de 1260 à 1265, et s'éteindre enfin, sans retour, en 1280. A partir de cette dernière époque, si l'on rencontre encore des stipulations en mansais, c'est comme rappel de conventions anciennes dans les renouvellements de baux, par exemple; car toutes les ventes actuelles sont expressément souscrites en monnaie tournois, *seu in monetâ currente* (1).

Néanmoins, l'atelier du Mans n'était pas inactif, à cette époque, et les coronats des comtes du Maine, de la maison de France, reflétaient encore dignement l'ancien éclat de la monnaie de cette province. Mais l'unité du du nouveau système monétaire, établi par S. Louis, en bannissant du langage officiel les stipulations de monnaies provinciales, avait eu pour résultat inévitable d'amener les mêmes modifications dans les transactions civiles ou ecclésiastiques.

Nous avons clos la série des monnaies mansaises au monogramme d'Erbert, par un denier entièrement semblable de style au double angevin que nous donnons sous le n° 3 de la planche IV.

Notre denier erbertois, rapproché de ce dernier, démontre, d'une manière évidente, la continuation du monnayage mansais au type ancien, jusqu'à S. Louis. La grande ressemblance de ces monnaies nous donne même à penser que Charles, son frère, investi des comtés du Maine et d'Anjou, au mois d'août 1246, aura pu frapper ce denier erbertois, comme un dernier hommage rendu à la popularité de ce type; et qu'une fois son autorité bien établie, il aura préludé à l'innovation par le *double angevin*, où l'on remarque encore le monogramme si populaire d'Erbert. Voici la description de cette monnaie du cabinet Cartier :

Avers : Monogramme + K. FIL' REGIS FRANCIE.

Revers : Croix cantonnée au 1er et au 2e de deux perles ou besants, au 3e et au 4e de deux croisettes en sautoir + ANGEVINS DOBLES. Poids 1g 01c.

La monnaie est extrêmement fruste ; on en jugera par notre planche. Néanmoins, nous croyons pouvoir garantir cette dernière lecture, qui paraît être plus régulière que celle proposée par M. Cartier. Dans la nôtre, les deux mots sont français ; de plus, l'espace occupé par le fruste ne permet pas de donner une plus grande étendue au premier mot.

Duby figure une autre pièce de Charles Ier, avec le titre de comte de Provence et le mogramme erbertois. Cette monnaie, qui n'existe plus en nature, à notre connaissance, est gravée, d'après cet auteur, sous le n° 26 de notre planche Ire.

En voici la description :

Avers : Monogramme d'Erbert + K. COMES. PROVINC E.

Revers : FILI' REGIS FRANCIE, croix cantonnée au 1er et au 2e d'un besant, au 3e d'un lys et au 4e d'un pal,

Ce prince, devenu roi de Sicile en 1246, fit frapper des deniers mansais à ce titre. Nous donnons la figure de cette monnaie sous le n° 4 de notre planche IV.

Avers : Dans le champ, couronne élevée, tréflée et à quatre fleurons ; en légende + CAROL' REX SICILIE.

Revers : Croix cantonnée de quatre lys + SIGNVM DEI VIVI.

Cette monnaie est plus réellement mansaise que les deux autres. La légende du revers nous reporte nécessairement au temps où les prélats du Maine participaient au monnayage; mais, selon toute apparence, elle ne consacre plus alors qu'un rappel de droits disparus ou tombés en dessuétude, comme tant d'autres, à cette époque.

Nous ne saurions cependant rien affirmer, à cet égard, et si, comme il est vraisemblable,

(1) Cette dernière expression était-elle une manière habile d'éluder les réglements? On pourrait le croire, puisque la monnaie mansaise, ayant cours à cette époque, et conservant faveur jusqu'au milieu du siècle suivant, pouvait toujours, par ce moyen, former la base de la convention.

la position des comtes du Maine n'était pas autre en 1315 qu'en 1270, la découverte de l'ordonnance de Lagny qui rappelait, d'après M. Conbrouse, le privilège des évêques du Mans, levera, quelque jour, cette difficulté.

Le type de la couronne, introduit dans les monnaies du Maine, y prit promptement racine; et nous possédons une belle série de sept ou huit deniers variés qui attestent que l'atelier du Mans dut avoir, à cette époque, une assez grande activité.

Voici la description de ces pièces, en suivant l'ordre chronologique probable :

Avers : Dans le champ, couronne à huit fleurs de lys, en comptant pour telles les deux annexes qui se voient sur les côtés, + ⅯONETA ⁝ CENOⅯ.

Revers : Croix cantonnée au 1er et au 4e d'un annelet, au 2e d'un lys et au 3e d'un ω dégénéré, ✠; en légende, +SIGNVⅯ:DEI:VIVI. L'ω du dernier canton, qui se retrouve sur les monnaies angevines des deux premiers Charles, et la forme particulière de la couronne permettent de placer ce rare denier en tête de notre série. C'est le même que celui figuré sous le n° 8, pl. II, année 1837, *Rev. Num.* Notre suite.

Poids 1g 06c; fig. 5, pl. IV.

Avers : couronne à quatre lys, dont un seul, celui du milieu, est caractérisé, soutenue par un trèfle évidé en cœur; ce trèfle est parfois privé de queue. Même légende que la précédente, sauf l'adjonction d'un point secret entre le T et l'A de ⅯONETA.

Revers : Croix cantonnée au 1er et au 4e d'une fleur de lys, au 2e et au 3e d'une annelet; même légende que la précédente.

Poids 1g 13c, fig. 6 et 7, pl. IV. Ce denier est assez commun.

Avers : Couronne à quatre lys alternés de perles, soutenue d'un trèfle non évidé en cœur; même légende avec les mêmes circonstances qu'au numéro précédent.

Revers : Croix cantonnée au 1er, 3e et 4e d'une fleur de lys, au 2e d'un annelet; même légende.

Poids 1g 14c; fig. 8, pl. IV. Ce denier est un peu plus rare.

Autre : Même avers.

Revers : Croix cantonnée au 1er, 2e et 4e, d'une fleur de lys, et au 3e d'un annelet; même légende.

Poids 1g 09c; fig. 9, pl. IV. Ce denier est également assez rare.

Avers : Couronne à quatre lys, dont trois sont caractérisés, soutenue par une fleur de lys à queue carrée; mêmes légendes, sujettes à l'interpollation d'annelets entre le T et l'A de ⅯONETA et entre cette dernière lettre et la première de CENOⅯ.

Revers : Croix cantonnée au 1er et au 4e d'un trèfle évidé ou non évidé en cœur, et au 2e et 3e d'une fleur de lys; mêmes légendes.

Poids 1g 13c; fig. 10 et 11, pl. IV. Ce denier est moins rare que les deux précédents.

Il paraît qu'il existe un demi de ce denier. Nous l'avons figuré, d'après Duby, sous le n° 27 de notre planche Ire.

Avers : Couronne semblable, soutenue d'une fleur de lys tranchée au lien d'attache; quatrefeuille évidé, pour différent, au commencement de la légende qui reste la même, sauf l'interpollation d'un annelet entre les mots ⅯONETA CENOⅯ.

Revers : Croix cantonnée de quatre fleurs de lys complètes, à queue trifurquée; même quatre feuille commençant la légende qui reste la même, sauf la transformation en annelets des deux points qui séparent SIGNVM de DEI.

Poids 1g 08c; fig. 12, pl. IV, notre suite. Ce denier est assez rare.

Avers : Couronne semblable, mais renversée; fleur de lys tranchée au lien d'attache pour différent, au commencement de la légende qui reste la même.

Revers : Croix cantonnée d'un lys à queue carrée, au 1er et au 4e canton seulement; même différent dans la légende, qui reste SIGNUM DEI VIVI. Poids 1811c; fig. 13, pl. IV.

Jusqu'ici, le titre de cette monnaie s'était soutenu sensiblement le même que celui porté par l'ordonnance de 1315. Dans ce denier, il est visiblement abaissé; tous les exemplaires que nous en avons vus portent les traces d'un mauvais monnayage.

D'après la composition du trésor de S.-Maixent, qui contenait 324 coronats du Mans, il est vraisemblable que la plupart des variétés de ces deniers ont été émises par Charles de Valois, troisième fils de Philippe-le-Hardi, qui fut comte du Maine, de 1290 à 1317; c'est au moins l'opinion de M. Cartier. Cependant, il n'est pas certain, à nos yeux, que le type de la couronne à huit lys n'appartienne pas à Charles II, dit le Boiteux, qui posséda le comté du Maine, de 1285 à 1290. Ce denier porte, dans le 3e canton de la croix, un ω dégénéré, qui ne se rencontre plus dans les autres types et qu'on retrouve, au contraire, dans les deniers d'Anjou, aux deux clefs adossées, attribués à ce prince.

Néanmoins, il n'existe aucune trace du gouvernement de Charles II dans le Maine; tandis qu'on sait que son successeur venait souvent au Gué-de-Maulny, et se plaisait au milieu des Manceaux.

En 1317, Charles III céda le comté du Maine à Philippe de Valois, son fils aîné, et deux ans après il vendit la monnaie de cette province à Philippe-le-Long, son neveu; mais ce prince ne profita pas longtemps de cette concession, puisqu'il mourut en 1321.

Cette dernière circonstance ferait croire que les deniers à bas titre ont pu être frappés par Philippe-le-Long ou Charles-le-Bel, son successeur, dans l'intervalle de 1317 à 1328, l'année 1322 étant la limite extrême assignée par M. Cartier à la date de l'enfouissement de S.-Maixent.

Peut-être même, cette fabrication défectueuse se continua-t-elle sous les règnes de Philippe de Valois et de Jean; car un passage d'un manuscrit cité par l'Almanach du Maine donne à Pierre Dronnes, seigneur des Marches en Bretagne, vicomte et grenetier de Mayenne, le titre de garde-coins des monnaies du Mans, dans l'intervalle de 1328 à 1350. Néanmoins, l'absence de monuments contrarie, jusqu'à un certain point, cette hypothèse, et donne à penser que l'office de garde-coins était alors purement honorifique.

Si l'atelier du Mans ne fonctionnait plus, le privilège n'était pas éteint dans la personne des comtes du Maine. Jusqu'en 1360, le roi Jean avait pu en user; mais à cette époque il investit Louis Ier, son second fils, de ce comté, et retint la monnaie. Les termes de l'acte de donation contiennent, à cet égard, une réserve qui ne laisse pas de doute sur ce point.

Depuis lors, la monnaie du Mans, irrévocablement fermée par les rois de France, ne fut plus rouverte que sous Henri VI, roi d'Angleterre. Suivant lettres-patentes datées de Paris, des 22 et 26 octobre 1425, ce prince fit délivrer à Jean Pophin, chancelier du régent, et à Jean Ffastolf, gouverneur d'Anjou et du Maine, des fers destinés à fabriquer, au Mans, des saluts d'or, des grands blancs, des petits blancs et des deniers tournois.

M. Cartier a découvert, dans un manuscrit déposé à la bibliothèque de l'Arsenal, à l'appui de l'ouvrage d'Haultin, que le signe caractéristique ou le différent de l'atelier du Mans est celui vulgairement appelé *racine*.

Nous donnons, sous les nos 14 et 15 de

notre planche IV, la figure du grand et du petit blanc (1). Il est douteux que l'on ait monnayé les autres types; au moins, ils n'ont pu encore être découverts..

Ce point établi, nous avons cru devoir rechercher si le différent monétaire dont il s'agit, représente réellement une racine. Cette dénomination donnée à un signe qui, par sa forme, se prête à plusieurs interprétations, n'a rien, en effet, d'authentique. Elle émane d'un auteur moderne, et celui-ci n'a pas indiqué si cette appellation était de son fait, ou si elle résultait de quelque réglement monétaire. Il est donc permis de croire que cet auteur, ignorant les origines mansaises, aura donné au différent en question un nom motivé par ses lignes contournées, sans en discuter la valeur historique.

Ou nous nous trompons fort, ou cette appellation est mauvaise, et la prétendue racine n'est autre chose que la représentation de la source miraculeuse que S. Julien, patron de l'église du Mans, fit jaillir pour constater sa mission.

En effet, le mandement du 23 octobre 1422, relatif à la fabrication des grands blancs, dans toutes les monnaieries soumises à l'autorité anglaise, dit littéralement : *Avons délibéré faire ouvrer..... en mettant en icelles monnaies telles différences que bon vous semblera.*

Or, en examinant la série des *différents*, on voit qu'ils ne sont pas placés, sans intention, sur les monnaies des villes auxquelles ils s'appliquent ; la plupart ont un rapport direct avec elles, soit qu'ils rappellent leurs armoiries, soit qu'ils évoquent un point de leur histoire religieuse. Ils sont, à n'en pas douter, de véritables signes dénominatifs de ces localités.

Ainsi, la couronne, à Paris, désigne la ville royale, le siége de la puissance.

Le léopard, à Rouen, est emprunté aux armes de l'ancien duché de Normandie, qui portait : de gueules à deux léopards d'or, l'un sur l'autre, lampassés et armés d'azur.

L'agneau de S. Jean, à Amiens, est incontestablement une allusion au second patron de cette ville, S. Jean-Baptiste, à qui Jean II et ses successeurs, évêques de ce diocèse, avaient élevé une chapelle fort remarquable dans l'église cathédrale (1). Ce différent n'était-il pas aussi un hommage rendu au prélat, alors en exercice, Jean IV, qui, succédant lui-même à plusieurs évêques du même nom, avait dû populariser le vocable de S. Jean-Baptiste, son patron ?

La Véronique à Dijon, paraît être l'emblême de l'hostie miraculeuse, envoyée par le pape Eugène IV à Philippe-le-Bon (2), duc de Bourgogne, vers 1431.

Le soleil et la lune, à Troyes, rappellent les mêmes signes monétaires, usités déjà par les comtes de Champagne, etc., etc.

Pourquoi le différent du Mans seul, parmi les signes les plus caractérisés (3), manque-

(1) Ces deux curieux exemplaires, sur le premier desquels nous allons revenir, proviennent d'une trouvaille faite au Mans, dans le courant de l'année 1845. Cent-cinq monnaies anglo-françaises, dont sept demi-blancs seulement tous variés, étaient enfermées dans une boîte de métal, cachée dans les murs d'une vieille maison de la rue Basse. Les blancs à la racine, ou au ruisseau selon nous, n'étaient pas en majorité, comme on aurait pu le croire ; c'étaient ceux au léopard et à la couronne ; et il n'existait qu'un ou deux spécimens au croissant, à l'étoile et au signe appelé, improprement sans doute, fer de moulin.

(1) *Gall. Christ.*, tome X, *Eccl. Amb. LV, Johannes II ; LVI, Johannes III ; LVII, Johannes IV.*

(2) *Voyage Liturgique* de dom Martène et dom Durand, page 143.

(3) Parmi les différents très-caractérisés, figure celui qu'on est convenu de nommer *fer de moulin*. Cette dénomination paraît encore contestable. Une decouverte récente a fait parvenir, dans notre collection, un blanc

rait-il d'une appropriation directe à cette localité? Pourquoi, d'ailleurs, constituerait-il une autre exception, en appartenant à un ordre de faits qui n'a fourni aucun des différents précités? Tous ceux-ci, en effet, sont ou héraldiques ou religieux, et la racine n'appartient ni au blason, ni à l'histoire du Mans ou de la province. On est ainsi amené à douter de la justesse de l'appellation, puisqu'on ne peut révoquer en doute l'existence du signe auquel elle s'applique.

Une fois engagé dans cette voie, nous n'avons pas eu à chercher longtemps une explication plus rationnelle de notre différent, et le basard lui-même venant à l'aide, nous avons bientôt acquis la conviction de son identité avec le ruisseau miraculeux de S. Julien.

Il existe, au Mans, plusieurs représentations du premier miracle de l'apôtre du Maine; mais l'une d'elles, surtout, qui appartient au XIVe siècle et qui couvre le tympan d'une fausse porte de l'église cathédrale, nous a vivement frappé, par la manière dont le sculpteur a rendu le ruisseau; la forme contournée, les bifurcations nombreuses de la nappe d'eau, ont la plus grande ressemblance avec les racines d'un arbre, surtout si l'on a égard à cette circonstance, qu'elles paraissent appartenir à la crosse, qui semble ainsi littéralement *avoir pris racine*. Fig. 31, pl. Ire. Une autre représentation du même miracle donne au ruisseau une forme un peu différente; mais elle est telle, cependant, que sa combinaison avec la précédente produit exactement le signe monétaire dont nous parlons. Elle est extraite de la lancette centrale de la troisième verrière, à gauche du chœur de cette église; fig. 33, pl. Ire.

S. Julien, patron de l'église du Mans, en est, au XVe siècle, le signe dénominatif; sa figure couvre les sceaux et les contre-sceaux des évêques et du chapitre, et dans un curieux sceau capitulaire, possédé par M. Espaulard, le miracle du ruisseau est représenté tout entier. Quoi d'étonnant alors, que les maîtres des monnaies aient donné le signe caractéristique de S. Julien pour différent à l'atelier du Maine? Bien plus, nous pensons qu'il n'en pouvait être autrement, d'après l'intervention traditionnelle de l'église du Mans, dans la monnaie de cette ville, intervention dont notre différent consacre comme le retour ou au moins le souvenir.

Cette circonstance pouvait être également une avance faite au clergé par la domination étrangère, qui avait besoin d'appui dans le pays du Maine. Enfin, et dans tous les cas, le ruisseau de S. Julien avait le mérite d'être un signe local, fort populaire, et de rentrer complètement dans l'ordre d'idées qui avait présidé au choix des autres différents.

Nous désirons vivement que cette nouvelle explication soit ratifiée par les maîtres de la science, devant le jugement desquels nous nous inclinerons en toute humilité.

dont le différent est mixte, **racine** ou ruisseau d'un côté 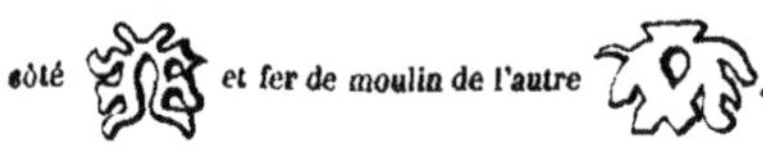 et fer de moulin de l'autre.

Si l'on tient à cette dernière dénomination, il faut admettre qu'il y a eu confusion de coins; mais alors, comment expliquer ce fait, si l'ordonnance du 26 octobre 1425 (voir à la fin de notre Notice) a été exécutée et si des fers spéciaux ont été réellement délivrés à la monnaie du Mans? La seule interprétation raisonnable de cette bizarrerie consiste à supposer que ces deux figures désignent le même objet; pour nous, ce sera une source ou un ruisseau; seulement, dans la seconde figure, au lieu de se séparer, les deux nappes du ruisseau se réunissent et se confondent, ce qui est assez naturel : dans tous les cas, nous aurions peine à y voir une racine. Nous donnons l'empreinte de cette monnaie jusqu'ici inédite, sous le n° 14 de notre planche IV; M. Drouet a bien voulu en enrichir notre suite.

Il nous reste à parler de deux petites monnaies appelées guillots et demi-guillots, qui avaient cours dans le Maine, au commencement du XVe siècle, et qui, jusqu'à présent, n'ont pu être restituées, avec certitude, à aucune monnaie connue.

Au commencement du XVe siècle, dit Le Corvaisier dans son Histoire des Evêques du Mans, page 648, *deux petites monnaies, appelées guillot et demi-guillot, avaient cours dans le Maine; le guillot correspondait à la sixième partie du sol tournois: c'étaient des deniers et des doubles*. M. Cartier a fait remarquer qu'il y avait certainement une erreur dans ce passage, à raison de la qualification de deniers et de doubles, qui désigne nécessairement les tournois.

Il est douteux, cependant, que Le Corvaisier, étranger aux études numismatiques, ait avancé un fait de cette nature, sans en avoir la preuve écrite; peut-être aura-t-il confondu le sol avec le denier. Voici, dans tous les cas, un passage de Ducange, extrait de l'article *Gigliati*, qui atteste explicitement l'existence des guillots. Après avoir parlé des monnaies d'or et d'argent appelées gigliati ou gillatí, ce savant ajoute : « *Nescio an eadem sit moneta cum gillatis quæ dicitur* » *in regesto parlementi Paris* 12 *julii* » *anno* 1378. »

« Après que le duc d'Anjou et les nobles » bourgeois et habitans du Maine, ont baillé » par déclaration les cas particuliers, les évêque du Mans, doyen et chapitre illec, et » autres, dirent que la plupart des dixmes » appartient aux nobles du pays et non aux » gens d'église; dirent que les curés et gens » d'église n'ont aucunes dixmes, au moins » peu, comme dit est; et sont les gens du » pays de petite dévotion et vont à l'offrande » très-envis une fois ou deux l'an et, quand ils » y vont, n'offrent qu'un guillot dont les six » ne valent qu'un tournois et ont exhibé à la » cour la monnaie que les gens du pays » offrent. » Ducange ajoute : *Sed hæc moneta longè minori videtur fuisse pretio*, sans donner l'explication de cette monnaie.

M. Cartier, s'appuyant de la signification du mot gigliati, qui peut venir de giglium, lys (*Itali enim lilium giglium appellant*), a proposé de voir, dans le guillot, cette petite monnaie du règne de Charles VI, dont le champ est chargé d'un lys; mais pour adopter cette interprétation, il faudrait établir d'abord que le mot guillot est la traduction française de *gigliatus*; admettre, en second lieu, que la petite monnaie fleurdelisée, dont nous parlons, est la sixième partie du tournois; enfin voir, dans les guillots, une monnaie royale ayant cours, par conséquent, dans tout le royaume.

Or, chacune de ces circonstances nous paraît un obstacle absolu à l'admission de ce système.

Dans notre conviction, les monnaies appelées vulgairement guillots, ne sont autre chose que des deniers et des demi-deniers de Guillaume, comte de Namur, dont nous avons souvent remarqué la présence dans les enfouissements contemporains. Tout le monde sait, en effet, que, dans les provinces du centre et de l'ouest de la France, le mot Guillaume se traduisait communément par *Guillot*. De plus, les monnaies dont nous parlons sont en cuivre pur, tandis que les tournois de Charles VI sont composés d'un alliage où entre une certaine quantité d'argent. On pouvait donc, eu égard surtout à leur qualité de *monnaies étrangères*, ne leur assigner qu'une valeur égale à la sixième partie du tournois. Enfin, la circonstance de leur origine explique d'une manière fort naturelle, leur production *en nature*, devant le parlement; car, cette formalité eût été complètement inutile, s'il s'était agi des petites monnaies royales dont nous avons parlé.

Dans un enfouissement de l'époque de Charles VI, découvert en 1844, à S. Germain, près Sillé-le-Guillaume, environ deux cents demi-deniers de Guillaume, comte de Namur, se trouvaient mêlés à une masse beaucoup plus grande de petits tournois, doubles tournois et demi-blancs de Charles VI; à peine remarquait-on quelques monnaies de Bretagne ou de Bourgogne. L'abondance du numéraire royal prouve que le détenteur de ce trésor n'était point étranger à la France, et dès lors, la présence des *guillots* dans l'enfouissement est un fait normal dont on peut prendre acte au profit de la science.

M. Lelewel a figuré le double guillot sous le n° 45 de la planche XX (Atlas de la Numismatique du moyen-âge). Le simple est de deux espèces : l'un porte, à l'avers, dans le champ, un grand ㅐ gothique surmonté d'un trait d'abréviation avec la légende +GVILL' : COMES : N', et au revers, dans le champ, une croix égale, entourée de l'exergue MONETA: NAMVC (fig. 35, pl. Ire).

L'autre variété porte à l'avers, dans le champ, un lion combattant, avec la légende GVILL' COMES : NAM, et au revers, la croix et MONETA NAMVRC'(fig. 34, pl. Ire).

Le diamètre de ces deux dernières monnaies est de 16 millimètres, et leur poids varie de 60 à 65 centigrammes.

Le savant Polonais les attribue à Guillaume, comte de Namur, qui succéda à Philippe, en 1337. Cette date cadre parfaitement avec la mention du registre du parlement de Paris, et le passage de Le Corvaisier.

MÉREAUX

ET PIÈCES DE CIRCONSTANCE.

Jusqu'ici, l'on a généralement classé au rang des monnaies la singulière pièce aux légendes + LVD:OVI:CVS : REX, et + SCS : GER : VAS : IUS, EP.S. CE.N., représentée sous le n° 25 de notre pl. Ire. Il fallait, en effet, trouver, tôt ou tard, une preuve matérielle de l'exercice du droit monétaire accordé aux évêques du Mans; et tout en protestant contre le caractère suspect de cette pièce, on l'accueillait cependant au rang des monuments numismatiques, en raison de ses légendes explicites, dont l'une avait le mérite de rappeler le nom de Louis-le-Pieux.

Néanmoins, tous les auteurs sérieux qui se sont occupés de cette médaille, se sont accordés à la refuser à l'époque carlovingienne et à la classer au commencement du XIVe siècle (1). M. J. Lelewel, observateur si subtil des types, la donne à l'évêque Pierre de Longueil, que Le Paige appelle Gougeul, contemporain de Louis X (1312-1326).

Cette attribution n'est guères contestable; mais elle ne résout pas la question de savoir si notre médaille a eu un cours officiel, ou si elle n'a été qu'une monnaie de circonstance, ou même un méreau à l'usage du chapitre du Mans.

Aujourd'hui, que les difficultés relatives à l'existence matérielle des monnaies ecclésiastiques semblent aplanies, et qu'on n'a plus à en chercher les preuves palpables, la question s'est singulièrement simplifiée, et il nous

(1) J. Lelewel, *Num. du Moyen-Age*, page 213, t. Ier. — Conbrouse, *Catalogue raisonné des Monnaies nationales de France*, série capétienne. — Cartier, Essai sur les Monnaies du Maine, *Revue Num.*, 1837.

paraît rationnel de voir, dans le monument qui nous occupe, une pièce de circonstance, provoquée peut-être par l'ordonnance de 1315 sur les monnaies des barons. Cette quasi-monnaie, rappelant le nom de Louis-le-Pieux, signataire de l'un de nos diplômes, nous semblerait être une espèce de protestation matérielle de la part de l'évêque en exercice, Pierre de Longueil, contre les termes de cette ordonnance.

Dans tous les cas, cette médaille n'existe plus au Mans, et personne ne se rappelle l'avoir vue dans le cabinet de M. de Maulny, qui, à l'appui de sa notice sur les monnaies des évêques et des comtes du Mans, fit graver, non pas un dessin pris sur monnaie, mais un calque de l'exemplaire figuré dans Duby.

Au commencement du XVIe siècle, on se servait, dans un grand nombre d'églises, de médailles de plomb, comme jetons de présence. On peut voir, dans Ducange, aux mots *merallus* et *plumbus*, plusieurs passages de réglements qui ont établi ce mode de constater la présence aux offices ou l'assiduité au chœur.

Nous publions, sous le n° 16 de notre planche IV, un méreau de plomb, qui n'a pu avoir été émis que par le chapitre du Mans, dans le cours du XVIe siècle. Nous devons sa possession à l'amitié de notre collègue M. Drouet. En voici la description :

Avers : Evêque debout, mitré, nimbé, donnant la bénédiction romaine de la main droite et tenant la crosse dans la gauche ; sans doute S. Julien. Autour de la circonférence, un grenetis.

Revers : Trois clefs posées 1 et 2, le pêne tourné à droite, alternées de fleurs de lys. Le tout entouré de huit lys.

Ce sont là, en effet les armes du chapitre du Mans, depuis le milieu du XVe siècle.

On sait qu'antérieurement, l'apôtre du Maine et son premier miracle figuraient sur les sceaux et constituaient, avec la croix ou le crucifix, les armes de l'église. Il est difficile d'indiquer, avec certitude, le motif auquel on doit l'introduction des clefs dans le blason capitulaire, et de préciser le point de départ de ce changement. Cependant, de bons esprits ont pensé que cet emprunt, fait aux armes des successeurs de S. Pierre, pouvait fort bien avoir pris sa source dans l'exemption du chapitre du Mans.

A la demande du roi Charles VI, Clément VII (Robert de Genève) donna trois bulles datées, à Avignon, des 15 juin 1383, 27 février et 2 mai 1387, qui enlevèrent le chapitre du Mans à la juridiction de l'évêque, et le placèrent sous la sauve-garde immédiate du S.-Siége.

Il n'est pas invraisemblable de croire que le chapitre a voulu exprimer sa gratitude envers le S.-Père et lui témoigner en même temps sa déférence et sa soumission, en plaçant les clefs papales dans son blason ; cette circonstance se rencontre souvent à cette époque (1).

Qu'il nous soit permis, en terminant ce travail, de rendre un dernier hommage de reconnaissance à toutes les personnes qui nous ont aidé de leurs conseils, de leur érudition ou de leur médaillier. Nous nous plaisons à reconnaître que, sans leurs bons offices, il nous eût été bien difficile de donner quelqu'intérêt à cet essai.

(1) Notamment sur les monnaies angevines de Charles Ier, roi de Sicile.

DIPLOMES ET CHARTES MONÉTAIRES.

DIPLOME DE THIERRY III.

(*Copie collationnée sur le* Gesta Pontificum Cenomanensium, *manuscrit de la bibliothèque du Mans, du XII.e siècle.*)

SEQUITUR EXEMPLAR PRÆCEPTI TEODERICI REGIS FRANCORUM DE MONETA, AIGLIBERTO CENOMANNICÆ URBIS EPISCOPO, SUISQUE SUCCESSORIBUS CONCESSA.

Teodericus rex Francorum, vir illuster. Regum consuetudinem exercemus, si petitiones servorum Dei, in quo nostras pulsaverint aures, ad effectum perducimus, et hoc nobis ad æternæ beatitudinis præmium percipiendum profuturum esse confidimus. Igitur compertum sit prudentiæ omnium fidelium sanctæ Dei ecclesiæ et nostrorum, quatenus vir sanctissimus et religione atque sapientiâ genereque nobilissimus AIGLIBERTUS, Cenomannicæ urbis Archiepiscopus, nos deprecatus est uti monetam publicam in suà civitate, et in nomine sancti Gervasii ac nostro ei concederemus, quod ita et fecimus. Eâ videlicet ratione, ut ipse et sui ministri hoc valdè prævideant, ne aliqua fraus in ipsâ monetâ nostris, futurisque temporibus appareat. Jubentes ergo præcipimus, et præcipientes jubemus, ut nullus ex fidelibus nostris aut quislibet ex judiciariâ potestate de præfatâ monetâ prædicto Episcopo, suisque successoribus aut rectoribus suæ sedis ecclesiæ, aliquam calumniam aut injustam pulsationem vel causationem, sive adversam machinationem adversus eos, vel suos successores, seu rectores ejusdem ecclesiæ, ullo unquam tempore facere audeat, aut machinari præsumat. Et hoc præcipimus, ut si aliquis hoc fecerit.dc. (1) sol. auri adversus eum vel suos successores, rectores ejusdemque ecclesiæ componat. Et ut hæc jussio atque cessio nostra veriùs credatur, et per omnia perficiatur, futurisque temporibus firmior maneat, hanc auctoritatem manus nostræ subscriptionibus roborare devrevimus, et anuli nostri impressione subter sigillare jussimus. THEODORICUS rex Francorum subscripsi. BONITUS obtuli, scripsi et subscripsi. Datum die vj kalendas aprilis xij regni nostri. Compendio in Dei nomine feliciter. Amen.

DIPLOME DE LOUIS-LE-PIEUX.

(*Copie collationnée sur le* Gesta Aldrici, *manuscrit de la bibliothèque du Mans du XI.e siècle.*)

EXEMPLAR PRECEPTI DOMNI HLUDOVVICI PIISSIMI IMPERATORIS DE MONETA ALDRICO CENOMANNICÆ URBIS EPO SUISQ: SUCCESSORIBUS CONCESSA.

In nomine Dei Domini et salvatoris nostri Jesu Christi, Hludovvicus divinâ repropitiante clemenciâ imperator augustus. Si sacerdotum servorumque Dei justis et rationabilibus peticionibus (acquiescemus et) (1) ad optatum effectum perducimus, non solum regiam et imperatoriam exercemus consuetudinem, sed

(1) Nous avons rétabli, d'après le manuscrit, le nombre *dc* supprimé par Mabillon, dans ses *Analecta*; peut-être, cette expression était-elle l'abréviation du mot *decem*. L'amende paraît alors réduite à des proportions raisonnables.

(1) Les mots placés entre parenthèses ne se trouvent pas dans le manuscrit.

etiam eosdem pro excessibus nostris Domini misericordiam exorandos devotiores promptioresque facimus, atque per hoc immensam Dei misericordiam faciliùs nobis (esse) conciliandam esse confidimus. Idcircò notum esse volumus cunctis fidelibus sanctæ Dei ecclesiæ nostrisque (subditis) præsentibus scilicet et futuris, quia vir venerabilis et Cenomanicæ urbis episcopus Aldricus nomine, nobis innotuit eo quod antecessores sui, Merolus scilicet,et Gauzciolenus atque predecessores eorum in prædictâ urbe monetam publicam præcepta bonæ memoriæ domni et genitoris nostri Caroli, et Pipini avi nostri, sive Teodorici regis atque anteriorum regum plenâ eorum auctoritate concessam, prædictam monetam habuissent; quæ propter ablatione rerum prædictæ sedis ecclesiæ sive propter vastationem earum aliquo tempore licet parvo nostroque,sive in fine genitoris nostri tempore predicta moneta dimissa et propter prædictarum rerum inopiam atque desolationem cessata esset;quam neque nos neque dominus Carolus genitor noster neque ullus missus vir nostrâ aut suâ auctoritate prohibuit, sed solum modo pro præfatâ indigentiâ dimissa esset. Obtulit etiam antedictus episcopus obtutibus (oculibus) nostris precepta regum predecessorum nostrorum, videlicet francorum, in quibus continebatur quod et de prædictâ monetâ antecessoribus prædicti Aldrici episcopi, a præscriptis regibus concessa antiquis et modernis temporibus fuisset, quæ et nos relegentes ita invenimus, et signa atque sigilla regum predecessorum quoque (nostrorum) in eis inspicientes vera (esse) quæ dicebat esse cognovimus. Idcircò præcipientes jubemus (et jubentes præcipimus) ut nullus missus noster vel (eorum) comes ipsius provinciæ, aut quilibet ex judiciariâ potestate ei successoribusque suis ex præfatâ monetâ ullo unquam tempore aliquam calumniam aut molestiam aut injustam pulsationem, sive causationem atque machinationem facere præsumat; sed nostris futurisque temporibus præscripta moneta in præfatâ urbe sæpè dicto episcopo, successoribusque suis concessa permaneat, ita tamen ut hoc prævideat tam præfixus Aldricus, quam sui successores, ut aliqua falsitas in ipsâ monetâ non appareat. Et ut hæc concessio nostra de prædictâ monetâ futuris conservetur temporibus, quam nos pro Dei amore et pro reverentiâ ipsius sancti loci fieri jussimus, veriùs credatur, et diligentiùs conservetur, manu nostrâ subter firmavimus, et de anulo nostro sigillare jussimus. Signum [monogramme] Hludovvici piissimi imperatoris, Herminnardus notarius, ad vicem Hugonis recognovi et subscripsi. Data XI kal. april, anno Christo propicio xxiiij imperii domni Hludovvici piissimi augusti, indictione XIIII. Actum Aquisgrani palatio regio in Dei feliciter. Amen.

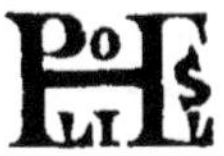

LETTRES PORTANT ÉTABLISSEMENT D'UNE MONNOIE AU MANS.

(*Extrait du recueil manuscrit de l'Hôtel de Monnaies de Paris, B., vol. de* 1420 *à* 1426, *publié par la* Revue Numismatique, *année* 1837.)

Henri, par la grâce de Dieu, roy de France et d'Angleterre, à nos amez et féaux les généraux maîtres de nos Monnoyes de France, salut et dilection. Comme de nouvel la ville du Mans soit réduite et mise en notre obéissance, et il soit venu en notre connoissance qu'audit lieu et ès marchez et pays d'environ a grande quantité de matière de billon, d'or et d'argent qui se pourroit porter hors pour ouvrer des monnoyes autres que les nôtres où nous pourrions avoir un grand dommage se pourvu n'y étoit. Nous par grande et meure délibération de notre conseil et par l'avis de notre très-chrétien et très-amé oncle Jean, regent notre royaume de France, duc de Bedfort, avons voulu et ordonné être faitte et edifiée de nouvel en laditte ville du Mans une monnoye de par nous en laquelle soit faitte autelle et semblable monnoye d'or et d'argent que nous faisons et ferons faire en nos autres monnoyes sans aucune chose y être muée en forme, poids ou loy. Si vous mandons et commettons, si mestier est, par ces présentes, qu'en laditte ville du Mans, vous faittes faire et édiffier de par nous, le plus brief que bonnement faire se pourra une monnoye ainsi qu'il est advisé et délibéré en nostre dit conseil; et tout par la forme et manière que est accoutumé de faire et ordonné en nos autres villes où l'on forge nos monnoyes, en mettant ou établissant de par nous tous les officiers qu'il conviendra, aux gages accoutumés ou tels autres que bon vous semblera pour notre profit, en leur baillant leurs lettres telles qu'il appartiendra, lesquelles nous confirmerons toutes fois que requis en serons. Et aussy en faisant faire et forger en laditte monnoye autelles et semblables d'or et d'argent, et donner semblable prix de marc d'or et d'argent que nous faisons ou ferons faire doresnavant donner en nosdittes autres Monnoyes. Donné à Paris, le 22 octobre, l'an de grâce 1425, et de notre règne le 4e. Ainsi signé par le roy, à la relation de monseigneur le régent de France, duc de Bedfort.

LETTRES POUR DÉLIVRER DES *fers* POUR LA MONNOYE DU MANS. (*Ibid.*)

Henri, par la grâce de Dieu, roy de France et d'Angleterre, à nos amez et féaux les généraux maîtres de nos monnoies de France, salut et dilection. Comme par nos autres lettres nous ayons ordonné estre faitte et édiffiée de nouvel en laditte ville du Mans une Monnoye de par nous, pour y faire ouvrer et monnoyer autelle et semblable monnoye d'or, et d'argent que nous faisons faire en nos autres Monnoyes, sans aucune chose y être muée en forme, poids et aloy; et pour l'avancement de l'ouvrage d'icelle Monnoye, avons fait tailler par le tailleur de la Monnoye de Paris deux paires de fers pour monnoyer semblables deniers d'or nommez saluts que nous faisons faire de présent en nos autres Monnoyes, et six paires de fers pour monnoyer grands blancs de 10 tournois la pièce, et deux paires de fers pour monnoyer petits deniers blancs ayant cours pour six deniers tournois la pièce, et deux paires pour monnoyer petits deniers tournois ayant cours pour un denier tournois la pièce. Si, nous mandons que tous lesdits fers vous baillez ou délivrez, ou faittes bailler et délivrer à nos amez et féaux et conseillers Jehan Popbin, chevalier, chancelier de notre très-cher et très-amé oncle Jehan régent du royaume de France, duc de Bedford; et Jehan Ffastolf, grand maître d'hôtel de notre dit oncle et gouverneur d'Anjou et du Maine, en prenant lettre de reconnaissance d'eux, pour iceux fers faire porter en laditte ville du Mans, et les bailler aux gardes d'icelle Monnoye pour faire monnoyer dessus comme il appartiendra, lesquelles nous ordonnons et avons ordonné de pourveoir d'officiers en la Monnoye d'icelle ville, ainsi qu'il leur semblera et paroîtra estre expédient pour le bien et proffit de nous et de la chose publique dudit pays. Donné à Paris, le vingt-sixième jour d'octobre, l'an de grâce 1425, et de notre règne le quatrième. — Ainsi signé par le Roy, à la relation du grand conseil.

FIN.

TABLE DES MATIÈRES.

FIN DE LA TABLE.

Le Mans, Imprimerie de GALLIENNE, rue de la Paille, — 10.

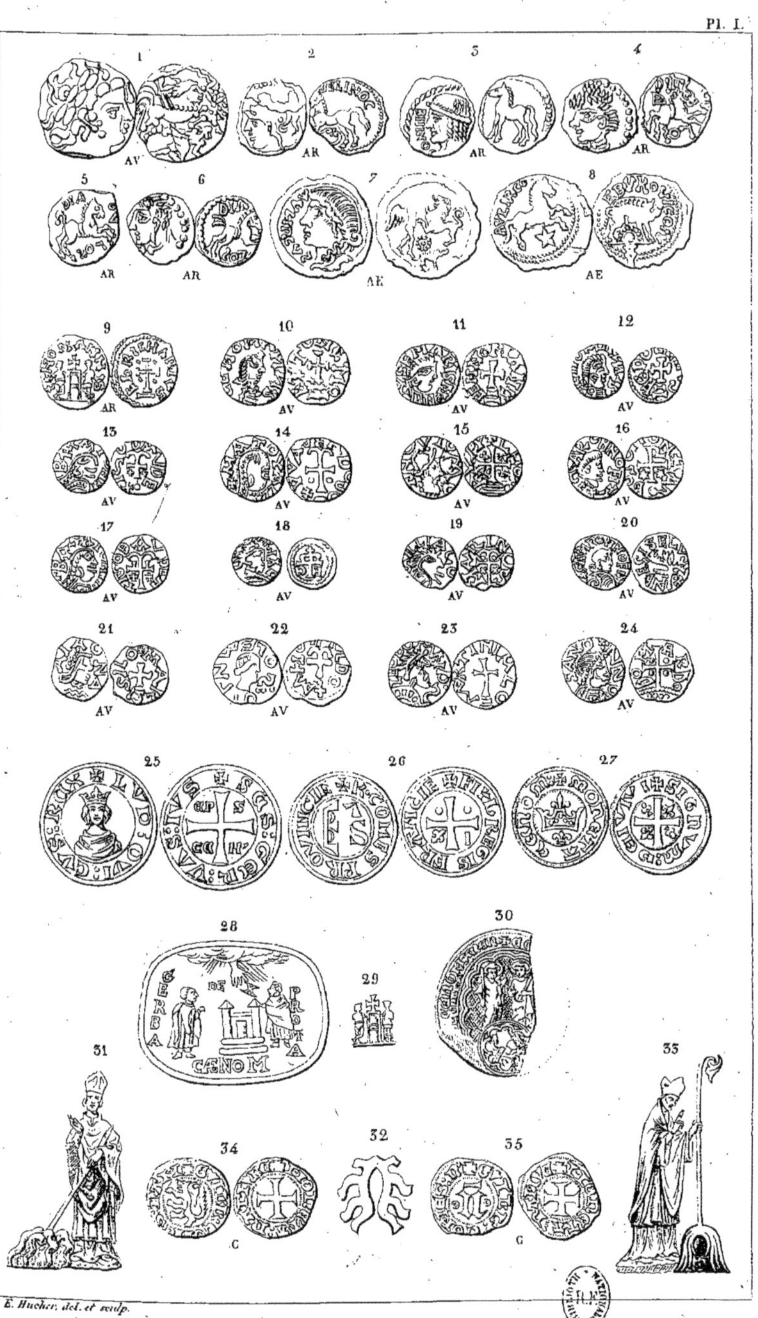

É. Hucher, del. et sculp.

MONNAIES DU MAINE

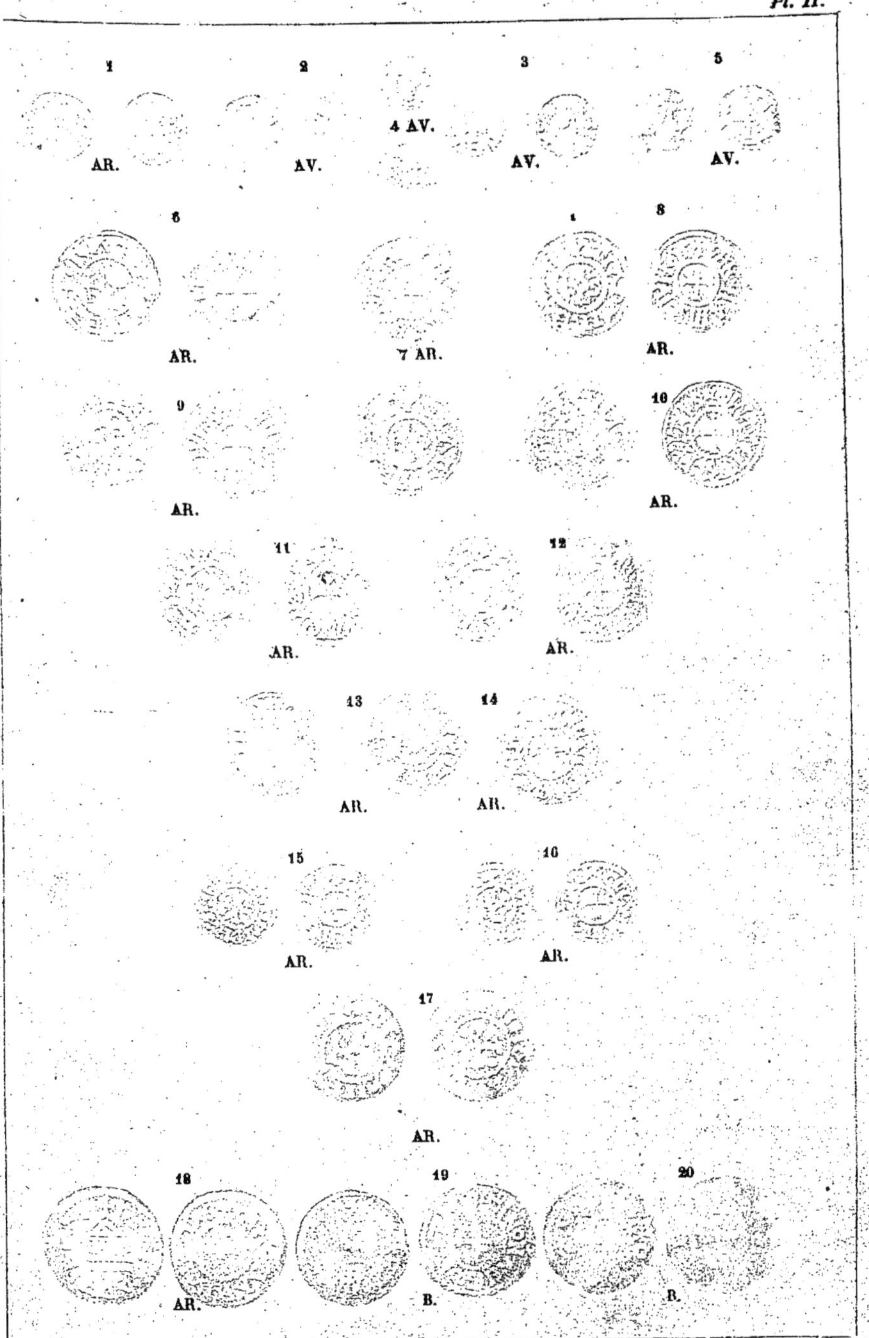

MONNAIES DU MAINE.

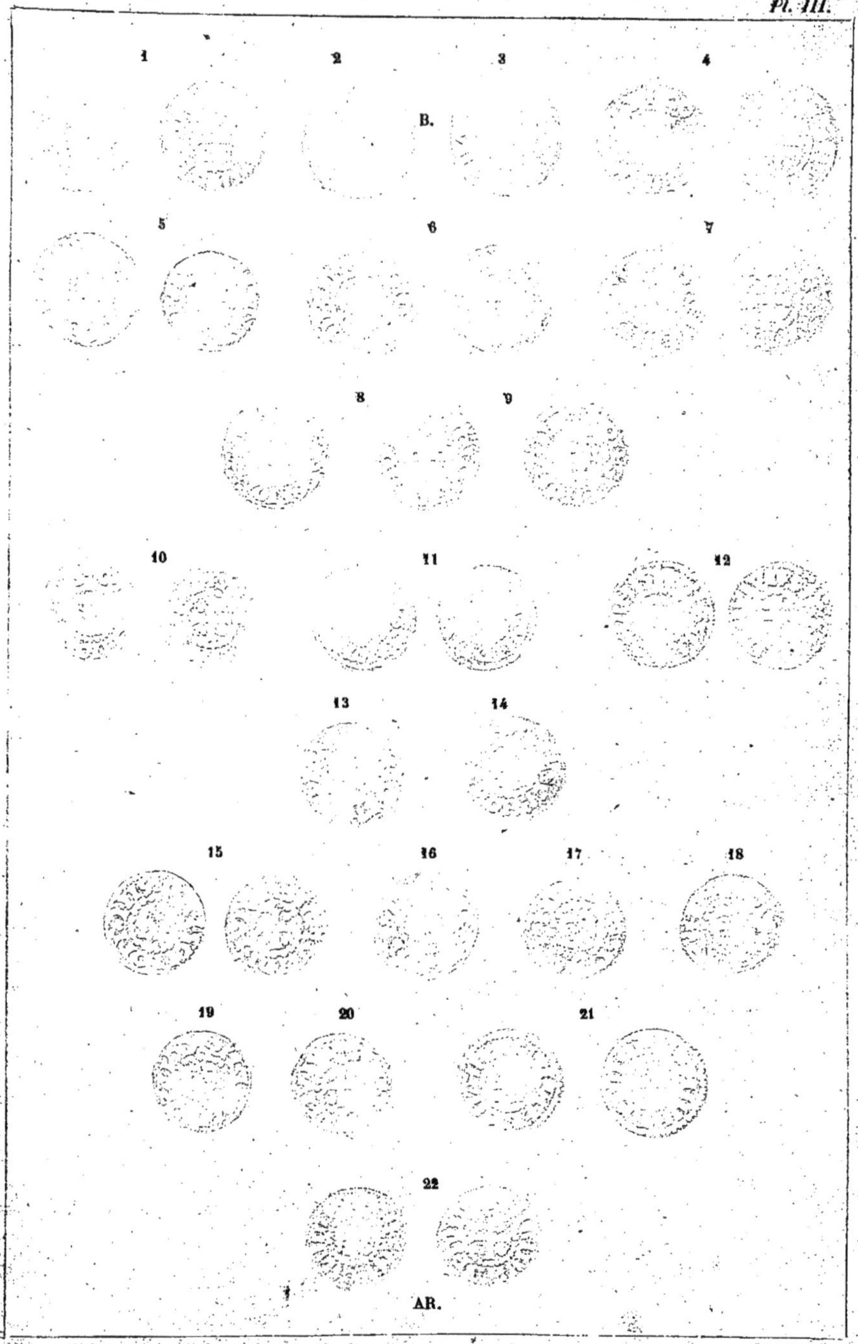

1 2 3 4

B.

5 6 7

8 9

10 11 12

13 14

15 16 17 18

19 20 21

22

AR.

MONNAIES DU MAINE.

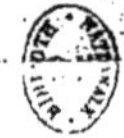

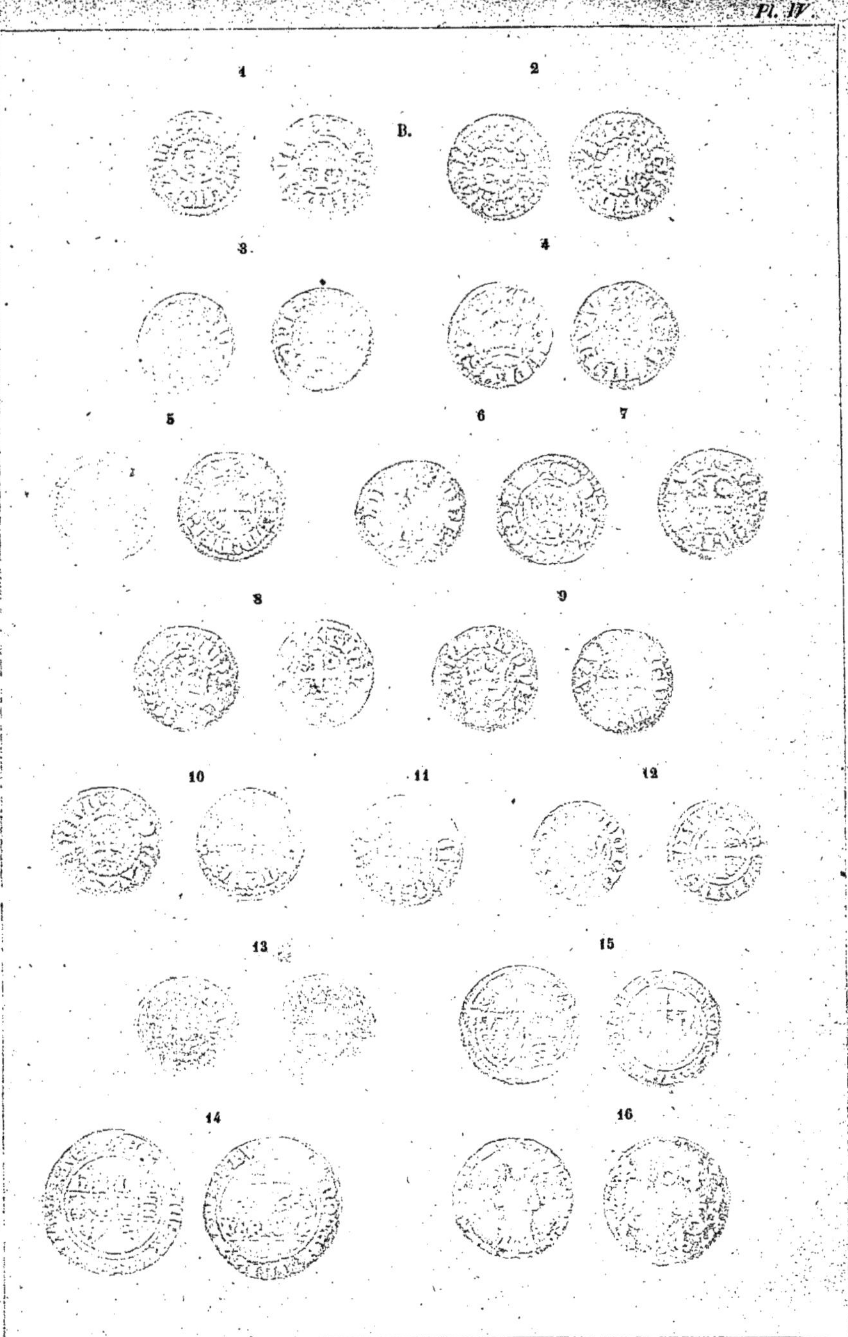

MONNAIES DU MAINE.

www.ingramcontent.com/pod-product-compliance
Ingram Content Group UK Ltd.
Pitfield, Milton Keynes, MK11 3LW, UK
UKHW022139190726
13855UKWH00003B/1237